亲属法与继承法案例选

A Selection of Cases on Family Law

陈汉·编著

中国政法大学出版社

2017·北京

图书在版编目（ＣＩＰ）数据

亲属法与继承法案例选/陈汉编著.—北京：中国政法大学出版社，2017.12
ISBN 978-7-5620-8011-4

Ⅰ. ①亲…　Ⅱ. ①陈…　Ⅲ. ①亲属法－案例－中国②继承法－案例－中国
Ⅳ. ①D923.905②D923.55

中国版本图书馆CIP数据核字(2018)第000009号

- -

书　　名　亲属法与继承法案例选

　　　　　QIN SHU FA YU JI CHENG FA AN LI XUAN

出 版 者　中国政法大学出版社
地　　址　北京市海淀区西土城路25号
邮　　箱　fadapress@163.com
网　　址　http://www.cuplpress.com（网络实名：中国政法大学出版社）
电　　话　010-58908435(第一编辑部)　58908334(邮购部)
承　　印　固安华明印业有限公司
开　　本　720mm×960mm　1/16
印　　张　14
字　　数　172千字
版　　次　2017年12月第1版
印　　次　2017年12月第1次印刷
定　　价　39.00元

序

　　承蒙中国政法大学民商经济法学院民法教研室前辈夏吟兰、何俊萍、金眉三位教授的指点与提携，鄙人担任研究生的亲属法与继承法教学工作已经多年了。得益于小班教学容易形成与学生的互动讨论，以及研究生教学对教学大纲要求的相对宽松，鄙人有机会与学生们对诸多问题进行对话与探讨，并受益匪浅。在此，感谢在课堂上发言让我深有启发的学生们，也感谢那些因被我追问而感受到受虐的学生们。

　　鄙人的研究生授课，自我总结有两个特点：第一，注重亲属法、继承法与民法其他部门法之间的互动，特别是对法规之间的冲突的讨论与研究。第二，注重对既有的司法判决的研读与讨论。因此，当学校研究生院有案例教材编写的机会之时，本人毅然申请并有幸得到准许。

　　作为一个在海外学习了4年并侥幸获得博士学位的后进，我一向对国别法与比较法的介绍持有谨慎的态度：因为我深知介绍一个国家的立法规定并不是比较法，要从比较法的角度去阐释一项法律制度，需要对各种背景知识与关联的法律制度及法律在该法域的适用有深刻的了解。相对于对比较法的介绍，我在教学的时候更注重对本国司法审判即具体规定在司法实务中的适用的学习与研究。因此，逐渐养成了收集判决、研读研究的习惯。案例教材不是专著，主要给读者提供一些值得研读的判决。因此，我把对案例的进一步点评与分析的机会留给我正在撰写的专著中，这使得本书并不能完全反映鄙人的学术观点。

　　本书以本人在教学及学习过程中收集的判决为主编写而成，部分判决则来源于我的学生。虽然我知道"序"原本不是约定俗成的致谢之处，我还是要在此感谢对本书的基础材料收集做出贡献的我的研究生们，感谢民法教研室长辈们对晚辈后进的鼓励与宽容，感谢民法教研室浓厚的内部学习气氛。

是为序。

陈　汉

于广州－上海的飞机上

2017 年 11 月 1 日

目 录

第一章　瑕疵婚姻

🖋 知识概要

瑕疵婚姻是指虽然形式上已经成立，但是由于存在实体上或程序上的瑕疵而产生效力上的瑕疵的"婚姻关系"。就效力而言，瑕疵婚姻包括无效婚姻和可撤销婚姻两大类型。而就缺乏的要件而言，可分为缺乏程序要件的瑕疵婚姻和缺乏实质要件的瑕疵婚姻。

瑕疵婚姻基于其形成的原因不同，会产生不同的效力和法律后果。在实践中对不同的情况进行界定，是准确适用法律的前提，也有利于我们进一步理解婚姻的各个要件。

一、违反形式要件的瑕疵婚姻

➡ 经典案例

原告陈某某诉被告汉中市汉台区民政局不服办理结婚登记案

[基本案情]

原告陈某某经人介绍，与从四川省金阳县向岭乡来汉台区汉王镇的一个名叫苦某某的彝族女子结婚。但后来该女子离家后再无音讯，原告认为自己遭到骗婚，提起诉讼，请求人民法院依法判决被告汉中市汉台区民政局撤销2008年11月20日给原告陈某某办理的结婚登记。

法院查明证实：原告陈某某于2008年11月经人介绍认

经典案例
判决书原文

识一自称"苦某某"的女子。同年 11 月 20 日，原告陈某某和该女子持身份证到被告汉中市汉台区民政局办理了结婚登记手续，被告汉中市汉台区民政局向原告颁发了陕汉结字 010803724 号结婚证。2008 年 12 月，该自称"苦某某"的女子离家后再无音讯。原告遂于 2009 年 1 月到汉中市公安局汉台分局刑警大队报案。汉中市公安局汉台分局刑警大队立案后经侦查，分别于 2015 年 12 月 15 日和 2016 年 2 月 19 日出具情况说明，证实：犯罪嫌疑人"苦某某"与四川省金阳县向岭乡上寨村真实的苦某某并非同一人，犯罪嫌疑人"苦某某"系冒用四川省金阳县向岭乡上寨村苦某某的身份信息、伪造身份证和户口本，在汉台区婚姻登记处与受害人陈某某办理了结婚登记。2016 年 1 月 25 日，原告向汉中市汉台区人民法院提起诉讼。

[法律问题]

1. 违反形式要件的婚姻效力如何？

2. 婚姻登记机关应当尽到哪些审查义务？

[参考结论与法理精析]

（一）法院意见

汉中市汉台区人民法院认为，根据《行政诉讼法》相关规定，人民法院审理行政案件，对被诉具体行政行为的合法性进行审查。根据《婚姻登记工作暂行规范》第 34 条之规定，婚姻登记机关在颁发结婚证时，应首先核实当事人姓名、出生日期等基本信息，本案经公安机关查明系他人盗用"苦某某"的身份证信息与原告办理结婚登记，被告汉中市汉台区民政局在核实办理婚姻登记过程中亦未尽到详尽审查职责，且原告在向公安机关报案后，已查明与原告办理结婚登记的女子系盗用他人身份信息，故被告作出的陕汉结字 010803724 号结婚登记行为并非合法。被告辩称在为原告作出结婚登记行为时并无任何瑕疵的辩解理由不能成立，原告的诉请符合法律规定，应予支持。依据《行政诉讼法》第70条之规定，判决如下：撤销被告汉中市汉台区民政局于2008年11月20日作出的陕汉结字010803724号结婚登记。

（二）违反程序性要件的婚姻效力

现行的《婚姻登记条例》对结婚的登记程序进行了相对细致的规定，但是限于立法技术原因，对登记中违反程序的行为的法律后果，却无明文规定。《婚姻法》对此也未涉及。实践中往往以诉讼的方式并依据行政法的相关规定进行判决。

本案中涉及关于骗取结婚证的婚姻效力问题。我国原《婚姻登记管理条例》第25条规定："申请结婚登记的当事人弄虚作假、骗取婚姻登记的，婚姻登记管理机关应当撤销婚姻登记，对结婚、复婚的当事人宣布其婚姻关系无效并收回结婚证，对离婚的当事人宣布其解除婚姻关系无效，并收回离婚证。"据此，部分学者认为违反形式要件的婚姻是不受法律保护的，属于无效婚姻。但是这种观点是值得讨论商榷的。[1]

2003年的《婚姻登记条例》出台后废除了旧的管理条例。司法实践中，法院多采用本案法院的做法，即基于《行政诉讼法》第70条关于行政行为撤销情形的规定，撤销民政机关的婚姻登记行为。但是，这只是对婚姻登记行为这种具体行政行为的撤销，从实体上看也并不存在《婚姻法》中规定的婚姻无效或可撤销的情形。行政行为由于溯及性的撤销而无效，相当于没有作结婚登记。欠缺婚姻登记行为，当事人之间的婚姻关系不成立。

使用虚假身份证明办理结婚登记属于典型的违反形式要件的瑕疵婚姻，倘若认定登记机关存在主观过错，未尽到必

---

〔1〕　余延满：《亲属法原论》，法制出版社2007年版，第175页。

要审查义务而为不具备条件的当事人双方办理婚姻登记，导致登记结果与事实上民事法律关系不一致，[1] 此时需借《行政诉讼法》对民政机关在婚姻登记过程中存在的事实认定与程序瑕疵予以审查，对登记行为予以撤销。

我们现行《婚姻法》对通过行政诉讼撤销的婚姻的效力，并没有直接规定。在法律适用上，直接适用的是《行政诉讼法》的规定。对于因为登记程序瑕疵的婚姻的法律后果，缺乏规定。当事人在行政诉讼之后，往往未能解决他们"婚姻被撤销"之后需要面对的财产清算与未成年子女抚养的法律问题，并且从民事诉讼程序上看，也无特别对应的诉讼来启动上述争议的解决，不得不说这是现行立法的一个漏洞。

因此，未来立法需要填补的法律漏洞主要有二：①此类程序性瑕疵婚姻在被行政诉讼撤销登记之前的法律效力；②结婚登记被撤销后的财产清算、过错责任的问题。

（三）婚姻登记机关的审查义务

婚姻登记制度的设定，是为了达到监管和公示公告的目的，对于维系婚姻关系的稳定和正常的婚姻秩序至关重要。部分学者认为婚姻登记机关应当对当事人的身份信息进行审慎、充分的审查，[2] 不能仅仅停留在简单形式审查的层面，还应当对信息的真实性进行一定程度的审查。但婚姻登记机关在个人信息验证等方面并无公安机关的权限，因此，实践中进行实质性审查确实存在着相当的困难。

从另外一个角度看，相对于依申请而在窗口办理婚姻登记手续的民政机关，当事人更有时间、精力、机会去了解拟结婚的对象。换句话说，婚姻登记机关的审查义务与审查标准，不能高于当事人。连结婚对象的身份不实都未发现的当

---

〔1〕 韩宗和："婚姻登记机关对当事人提供的证件是实质审查还是形式审查"，载《中国民政》2007 年第 11 期。

〔2〕 罗秀兰："我国婚姻登记制度之再思考"，载《行政与法》2010 年第 5 期。

事人，不能苛刻要求登记机关进行实质性审查并保障其审查结果的正确性。

拓展案例

北京市西城区民政局与彭某某
婚姻登记案

[拓展案例
判决书原文]

[基本案情]

彭某某向一审法院诉称，2014 年 3 月 28 日，其与李某均以军人身份在西城民政局申请登记结婚。事后，李某在生活中表现出种种怪异迹象，彭某某对李某身份产生怀疑。在登记结婚 3 天后，彭某某对李某的身份进行调查。经询问朋友及电话查证，均证实李某身份涉嫌造假，系伪造国家公职人员（现役军人）。2014 年 4 月下旬，彭某某在单位政治处主任的安排下，与李某一同前往北京查实李某的身份及单位，李某才承认自己的虚假身份。之后，李某采取各种方式胁迫彭某某与其一同接受这个事实，并继续维持婚姻生活。李某变本加厉采取各种非法极端手段侮辱诽谤彭某某，泄露彭某某所在部队详细代号番号。部队介入调查后，经过一一核实，认定前述信息纯属诽谤。因李某的种种恶行，导致彭某某所在部队为消除恶性影响，逼迫、责令、安排彭某某于 2014 年年底转业。彭某某认为，产生上述情况的主要原因是西城民政局在对婚姻登记审核时没有依法进行详细调查核实，对婚姻登记管辖权没有提出异议，在程序审批上把关不严、审查不力，属于严重失职。2014 年 5 月初，彭某某要求西城民政局对李某的登记手续进行核查，在发现李某军人身份登记信息涉嫌造假的严重问题时，西城民政局没有及时采取任何补救措施。以上这些，导致彭某某精神生活受到严重折磨，致使彭某某遭受重大经济损失和政治前途影响。故诉请法院依法撤销彭某某与李某于 2014 年 3 月 28 日的结婚证，诉讼费用由西城民政局承担。

西城民政局辩称：其一，彭某某的起诉已超过诉讼时效。被诉结婚登记行为发生在 2014 年 3 月 28 日，已超过法律规定的 3 个月的起诉期限。其二，西城民政局的行政行为合法有效。①该局在为彭某某、李某二人办理结婚登记的过程中，完全按照政组（2010）14 号民政部、总政治部《关于军队人员婚姻管理有关问题的通知》（以下简称 14 号通知）的规定，要求二人提交军人婚姻登记证明、军官证、居民身份证等相关证明及证件，其中军人婚姻登记证明为双方单位政治部门向对方单位政审调查后方能出具，二人均系自愿提交。②该局依据《中华人民共和国婚姻法》（以下简称《婚姻法》）的规定，对二人的结婚申请进行了严格审查。军人是一种职业，从事什么职业从来就不是婚姻登记需要审查的要件。该局根据 14 号通知，对彭某某、李某提交的材料依法进行形式性审查，且二人在申请结婚登记声明书中确认没有隐瞒事项，提供信息事实完全真实，在此基础之上为二人举行颁证仪式。③该局只是对材料进行形式审查，中国人民解放军总参谋部是否有李某这个人，不是该局有权审查的内容。其三，彭某某和李某符合《婚姻法》所规定的男女双方结婚的实质要件，证件的真伪不能成为阻碍婚姻登记成立的实质要件。如果彭某某认为李某的行为构成欺诈，其并不愿意和非军人的李某结婚，其应当向法院申请离婚，而不是要求该局越权撤销。根据《婚姻法》第 11 条的规定，对于受胁迫的一方，婚姻登记机关或法院有权撤销婚姻。本案中，李某的行为不属于胁迫，不属于可撤销的情形。故该局在为彭某某、李某办理结婚登记过程中尽到了审查义务，程序合法，适用法律正确，请求法院依法驳回彭某某的诉讼请求。

李某辩称，其与彭某某经过 2 年恋爱到结婚，双方对对方均进行了充分的了解。2014 年 3 月李某及家人按照彭某某的要求在山东省平邑县公安机关、民政局和双龙村委会办理了各种证明，并已告知彭某某其系山东省平邑县郑城镇双龙村一公民。彭某某安排并办理各种手续，带着李某到西城民政局办理登记手续。婚姻登记双方完全自愿，无任何不当，彭某某的诉讼请求不能成立。彭某某的诉状无任何事实依据，彭某某身为军人几年来花言巧语欺骗李某感情。李某不懂法，但守法，彭某某安排自己怎么做就怎么做，李某认为被诉结婚证合法有效。故请求法院维持西城民政局所作婚姻登记。

[**法律问题**]

西城民政局用于办理被诉结婚证的证明材料中的军人婚姻登记证明、李某军官证记载的内容不具有真实性，被诉结婚证是否因上述材料的不真实而丧失了合法性基础？

[**重点提示**]

本案的特殊之处，在于两点：①彭某某自己本身是军人，他是否比民政局更有经验、更有能力判断李某的军人身份的真伪？②即使李某伪造了军人身份，在结婚登记之时提供了虚假材料，"军人身份"这一要素的被否定，是否足以认定婚姻关系丧失合法性基础？《婚姻法》对"受欺诈而登记结婚"并未规定属于撤销婚姻的类型之一。从婚姻的稳定性角度看，不能轻易以一个程序登记瑕疵否认婚姻的效力；从登记的郑重性角度看，登记是现行法框架下缔结婚姻的唯一方式，自然需要把握严格标准。如何平衡两者，需要立法的进一步明确。

二、违反实质要件的无效婚姻

经典案例

晋某与宋某甲、宋某乙婚姻无效纠纷案

经典案例
判决书原文

[基本案情]

二申请人宋某甲、宋某乙的父亲宋某丙与母亲张某于×××年结婚，婚后于 1976 年生育长子宋某甲，1978 年生育次子宋某乙。×××年××月××日二申请人的父亲宋某丙因病去世，父亲宋某丙生前开办 2 家公司，并留有多处房产，二申请人在接管父亲宋某丙遗留财产时，晋某进行阻挠，几次发生纠纷。晋某称二申请人的父亲已经与其登记结婚。二申请人原以为晋某是看上了父亲宋某丙的钱财，2010 年 12 月底意外看到一张×××年××月××日晋某与父亲宋某丙的结婚证，认为被申请人在申请人父亲、母亲婚姻关系存续期间进行结婚登记，已构成重婚。依据《婚姻法》第 10 条的规定，重婚的婚姻关系无效。故此，请求依法宣告二申请人的父亲宋某丙与晋某的婚姻无效等。

法院认定，宋某丙与张某于×××年在原籍河南省太康县尖庄村办理了结婚仪式，开始以夫妻的名义共同生活，但未办理结婚登记。宋某丙在河南省栾川钼矿任副矿长期间，于 1985 年 12 月 1 日将张某招工安排在河南省栾川钼矿工作；职工档案显示，其家庭成员为"夫：宋某丙；长子：宋某甲；次子：宋某乙"等，即宋某丙、张某虽然未办理结婚登记、领取结婚证，但二人以夫妻名义共同生活，并得到原籍及工作单位群众、亲友和组织的认可，二人的上述行为发生在 1986 年《婚姻登记办法》实施之前。×××年××月××日，宋某丙、张某二人向涧西区民政局申请办理离婚登记，提交的申请资料中，除有二人签名的离婚申请书外，还有双方签名的离婚协议及河南省栾川县人民政府婚姻

登记专用章以及于1986年7月2日出具的婚字第104号结婚证，涧西区民政局于当日为二人颁发了第411号离婚证。宋某丙在离婚申请资料中说明：自己与张某在未办理结婚登记手续的情况下结婚，属于事实婚姻，结婚后感情不和，三天两头吵架，经两人商量，同意离婚等。本院依申请对宋某丙、张某二人的离婚登记档案、结婚登记档案进行调取，栾川县民政局证明：宋某丙、张某在该处没有结婚登记记录；同时从栾川县民政局调取了1986年该县民政局、各乡（镇）民政所办理的所有104号结婚登记档案（共9对夫妻的结婚登记档案），均没有宋某丙、张某的结婚登记（各乡镇婚姻登记专用章均为"河南省栾川县人民政府婚姻登记专用章"，只是在公章上标注有公章编号字样）。1994年3月6日，张某入住洛阳市××医院住院治疗。法院认定张某在办理离婚登记前及办理离婚登记后的较长时期内，精神状况不正常，系不具有完全民事行为能力的限制民事行为能力人。张某与宋某丙办理离婚登记后仍然在原与宋某丙共同生活的房屋内居住、生活，于2004年8月26日在原籍死亡。×××年××月××日，宋某丙与晋某在涧西区民政局登记结婚，二人在登记机关陈述的婚姻状况均系"已离婚"，二人并提交了洛阳市金属门窗工业公司出具的《婚姻关系证明》、洛阳市涧西区婚姻登记第411号离婚证存根证明、洛阳市西工区人民法院（1996）西民字第135号民事调解书等申请资料，该局于当日为宋某丙、晋某办理了结婚登记，颁发了涧字第1039号结婚证。宋某丙与晋某举行结婚典礼时，申请人参加婚礼（系未成年），申请人宋某甲并与宋某丙、晋某及其他家庭成员合影留念等。宋某丙去世后于2010年2月25日举行遗体告别仪式，晋某以妻子身份出席遗体告别仪式，申请人也参加了仪式。

[法律问题]

1. 违反实质要件的瑕疵婚姻效力如何？

2. 本案中，宋某丙与晋某之间的婚姻关系是否有效？

[参考结论与法理精析]

（一）法院意见

宋某丙与张某办理离婚登记时，张某不具有完全民事行为能力。宋某丙与张某到婚姻登记机关办理离婚登记的行为违反了我国婚姻登记法律规范规定的离婚登记的基本要求，即婚姻登记机关不应当受理不完全民事行为能力人的离婚登记申请；我国有关婚姻法律规范还规定，事实婚姻关系的当事人，在没有补办结婚证的情况下，不能通过协议离婚的方式到婚姻登记机关申请离婚、取得离婚证、解除婚姻关系，故此，宋某丙与张某的离婚登记行为归于无效，即意味着宋某丙与张某的事实婚姻关系尚未解除；宋某丙在与张某事实婚姻关系存续期间，又与晋某办理了结婚登记，违反了我国《婚姻法》规定的一夫一妻的婚姻制度。

但是按照《婚姻法》及其司法解释之规定，当事人向人民法院申请宣告婚姻无效的，申请时，法定的无效婚姻情形已经消失的，人民法院不予支持。在本案诉至我院之前，张某已经于2004年8月26日死亡，被告重婚的事实状态已经不存在，宋某丙与晋某之间构成无效婚姻的法定事由已经消除，其婚姻属合法有效。因此，申请人宋某甲、宋某乙要求确认宋某丙与晋某的婚姻关系无效的请求，缺乏法律依据，本院依法不予支持。

（二）违反实质要件的瑕疵婚姻效力

我国《婚姻法》第10条规定，有下列情形之一的，婚姻无效：①重婚的；②有禁止结婚的亲属关系的；③婚前患有医学上认为不应当结婚的疾病，婚后尚未治愈的；④未到法定婚龄的。加上第11条关于胁迫婚姻规定所体现的婚姻自由原则，这 5 个条件构成了我国婚姻关系成立的实质条件。根据《婚姻法》的规定，存在这些条件的婚姻无效。无效婚姻虽然是违反法定的禁止性条件的男女两性的结合，但婚姻行为终究是公民私权领域的民事法律行为。况且婚姻无效的法定情形对社会公益的危害程度不同。为避免过多地干涉公民的私生活，需要婚姻当事人和利害关系人向法院申请，法院才能宣告婚姻无效。[1]

（三）本案中宋某丙与晋某之间的婚姻关系

在宋某丙与晋某结为夫妻时，构成了《婚姻法》第 10 条规定的"重婚"，婚姻归于无效。但是在起诉时，这样的情形已经不存在，根据《最高人民法院关于适用〈中华人民共和国婚姻法〉若干问题的解释（一）》（以下简称《婚姻法司法解释一》）的规定，对宣告婚姻无效的请求不予支持。

本项司法解释与传统的民法学原理相悖。传统学说认为，无效的民事法律行为确定无效，自始无效，永远无效，不可能经过时间的推移或者任何事由的发生而变得有效。此类判决有"间接容忍或者支持重婚"的可能性。

当然也有基于对维护婚姻关系稳定的考虑的观点。婚姻关系的变化不仅涉及当事人双方，还影响子女的利益。对于重婚的情形，从维护婚姻家庭关系的稳定和保护未成年人子女的合法权益出发，同时结合像本案这样的复杂重婚情形（涉及《婚姻法》出台前后事实婚姻的认定与相关政策），尽管其构成后婚无效的原因，但是如果在起诉时，前婚因为被宣告无效、被撤销或者一方死亡，应认定婚姻无效的情形已经消失，人民法院对利害关系人宣告婚姻无效的请求不予支持（刑事责任不意味着同样免除，在此不予讨论）。[2]

---

〔1〕　余延满：《亲属法原论》，法制出版社 2007 年版，第 186 页。

〔2〕　余延满：《亲属法原论》，法制出版社 2007 年版，第 192 页。

➡ 拓展案例

拓展案例
判决书原文

申某诉高某撤销婚姻纠纷案

[基本案情]

申请人申某与被申请人高某撤销婚姻纠纷一案，2014年4月22日申某向陕西省米脂县人民法院提起诉讼。申请人申某与被申请人于1996年农历正月初六以当地风俗举行婚礼并开始同居生活，于同年8月22日在桃镇镇政府办理了结婚登记。因申某当年才19周岁，未达到法定的结婚年龄，所以属违法办证，在法律上属于无效婚姻，故提请人民法院依照《婚姻法》的规定，将双方于1996年8月22日所办理的结婚证予以撤销。申请人向法庭提交以下证据：1号证据系身份证复印件一份，用于证明本人身份。2号证据系证明一份，用于证明双方在桃镇民政局办理结婚登记。3号证据为（2010）米民初字第00166号（2011）米民初字第00419号民事判决书复印件，用于证明其起诉过离婚。

法院根据当事人的陈述、举证及认证查明以下事实：原、被申请人于1996年农历1月6日以当地风俗举行婚礼并开始同居生活，于同年8月22日在桃镇镇政府办理了结婚证。办证时申请人未达到法定的结婚年龄，婚后双方因家庭生活琐事、被申请人常年在外，无法联系。致申请人提起诉讼，要求撤销其结婚登记确认其为无效婚姻的情形。

[法律问题]

1. 法院是否应当认定申某与高某婚姻无效？

2. 法定婚龄以下登记结婚，随后在共同生活过程中达到法定婚龄的，法院应如何处理？

[重点提示]

瑕疵结婚登记并不必然导致婚姻关系无效，其效力的判断应以是否影响行政相对人实体权益为标准。《婚姻法司法解释一》第 8 条规定：当事人依据《婚姻法》第 10 条规定向人民法院申请宣告婚姻无效的，申请时，法定的无效婚姻情形已经消失的，人民法院不予支持。据此，当起诉时已达到法定结婚年龄或者疾病治愈时，法院不支持宣告婚姻无效的请求，只能通过离婚的方式解除婚姻关系。司法解释的上述规定，是否是无条件地适用，还是只能适用于部分情形？

三、违反实质要件的可撤销婚姻

➡ 经典案例

朱某与王某某撤销婚姻纠纷案

[基本案情]

原告朱某诉称：我和被告王某某于 2012 年 2 月通过网络交友认识，在认识不到半年的时间里，被告王某某曾多次向我提出与我办理结婚登记，并保证将来会对我好，由于我还在学校上学，没有答应被告的要求。被告很生气。被告王某某明知我是单亲家庭，家里只有母亲一人，母亲患有重度糖尿病，被告却故意买来很多甜食让我母亲吃。于是我打电话质问被告，被告却凶狠地说："叫你不和我结婚，我以后天天给你妈送甜食，我就不信你不答应我。你能拿我怎样，除非你答应和我结婚！"后来变本加厉，多次打电话威胁我。我迫于无奈，2012 年 10 月 15 日与被告王某某登记结婚。综上所述，为维护我的合法权益，请求法院判决并支持撤销我与被告王某某的婚姻关系。

被告王某某辩称，原告起诉属实，我同意撤销婚姻。由于当时比较仓促，使用了比较过激的手段促成结婚，现在感觉两人没有什么感情，不幸福，所以我同意撤销婚姻关系。

经典案例
判决书原文

[**法律问题**]

1. 本案中，王某某的行为是否属于胁迫？

2. 违反意志自由的胁迫婚姻效力如何？

[**参考结论与法理精析**]

（一）法院意见

经审理查明，原告朱某和被告王某某于 2012 年 2 月通过网络交友网站认识，后被告王某某胁迫原告朱某与其结婚，迫于无奈，2012 年 10 月 15 日，原告朱某与被告王某某在平顶山市卫东区民政部门登记结婚，结婚证字号 J410403 - 2012 -018078，登记后未共同生活。

法院认为，《婚姻法》第 5 条规定："结婚必须男女双方完全自愿，不许任何一方对他方加以强迫或任何第三者加以干涉。"被告王某某以胁迫的方式迫使原告朱某违背真实意愿与其登记结婚，因双方无任何感情基础，且违背了婚姻自由的原则。原告朱某起诉请求撤销与被告王某某的婚姻，于法有据，本院予以支持。依据《中华人民共和国婚姻法》第 11 条、第 12 条之规定，判决如下：撤销原告朱某与被告王某某的婚姻（结婚证字号 J410403 - 2012 -018078）。

点评：本案中，被告语言威胁给患有糖尿病的原告母亲购买甜食这一行为，是否足以认定为胁迫，是值得商榷的。因为原告母亲为完全行为能力人，完全可以拒绝吃被告购买的甜食。因此，此类语言威胁并未形成确定的意思胁迫，因此难以认定为法律意义上的胁迫。本案的特殊之处，在于诉讼中被告同意撤销婚姻，因此法院判决也不存在本质性的错误。

（二）胁迫婚姻之效力

《婚姻法》第 11 条规定："因胁迫结婚的，受胁迫一方可以向婚姻登记机关或人民法院请求撤销该婚姻。"我国立法上明确规定的可撤销婚姻的情形仅包括这一种情形。胁迫婚姻的构成包括以下几方面的要件：①胁迫人具有胁迫行为，这种胁迫可以是直接对相对人实施的，也可以是对其近亲属等实施，甚至可能是对自己实施（如以自杀相威胁）；②具有胁迫的故意，必须具有影响结婚意思决定的故意。

同时，之所以将胁迫婚姻的情形设定为可撤销婚姻，是为了将撤销权这一形成权赋予被胁迫人，赋予被胁迫人一项主动的选择权。主动权掌握在受侵害一方而不是双方或者利害关系人都有这样的权利，这就决定了意思自治在这个环节的重要性。[1] 虽然在结婚时存在胁迫情形，但是随着时间推移，受胁迫人可能为了子女等考虑不愿意撤销婚姻。这时候将形成权赋予受胁迫人是有利于其利益的综合考虑和意思自治的。

撤销权行使后，婚姻溯及自始归于无效。为了维护婚姻关系的稳定性，撤销权的行使受到一年期的除斥期间的限制，不可中断、中止或延长，起算点一般为结婚登记之日，但撤销权的主体被非法限制人身自由的，为恢复人身自由之日。

可撤销婚姻和无效婚姻虽然都欠缺法定的实质要件，但是二者本质上仍有所不同：首先，原因上区别于法条的明文规定，无效婚姻侧重于公共利益，而可撤销的情形则更多的是对个人利益的考量。其次，效力方面，无效婚姻本身就是无效的，自始确定无效；而可撤销婚姻在撤销权行使之前属于有效婚姻。最后，行使主体不同：前者仅限于受胁迫人本人，而有权提起无效宣告的则包括当事人和利害关系人。

值得一提的是，当事人放弃撤销的途径而要求离婚的，法律并无限制性规定。实践中也不乏当事人基于证据方面的考虑而诉讼请求解除婚姻关系的情形。

---

〔1〕　巫昌祯、杨大文主编：《走向21世纪的中国婚姻家庭》，吉林人民出版社1995年版，第52、55页。

➡ 拓展案例

孙某诉谢某撤销婚姻纠纷案

[基本案情]

2015 年 4 月，原告孙某和被告谢某偶然认识，经几次接触，孙某发现与被告并不适合确定恋爱关系。在以后的交往中，被告不断地让孙某同意与他结婚，孙某一直没有答应。5 月中旬，被告以资金周转不开为由，向孙某借款，并表示只是暂时周转一下，很快就还。孙某信以为真，经多方筹措，借给他 100 000 元，并把自己的交通银行的信用卡也借给他使用。后经孙某催要，被告欺骗说，只要同意和他结婚，他家里就会筹措彩礼钱，可用彩礼钱偿还借款，若孙某不同意，就以不偿还借款并且透支信用卡相要挟。在交往中，被告还经常对孙某进行语言上的恐吓和威胁。后孙某与被告于×××年××月××日领取结婚证。领证后，被告并未偿还孙某借款，反而加重了其精神负担。故孙某诉至法院，请求撤销与被告的婚姻关系。

经审理查明，原、被告于 2015 年 4 月份相识。××××年××月底，被告提出和原告结婚，但原告予以拒绝。于××××年××月中旬，原告借给被告一张原告的交通银行的信用卡由被告使用，并分多次借给被告共计 100 000 元。后来，被告以不偿还原告 100 000 元借款及透支原告的信用卡为由，多次对原告进行语言恐吓，要求原告与之结婚。于××××年××月××日，原、被告在威县枣元乡便民服务中心登记结婚。婚后，双方未共同生活。现被告未偿还原告借款 100 000 元及原告的一张交通银行的信用卡。上述事实，由双方当事人的陈述，原告孙某提供的结婚证、道歉书及庭审笔录等证据在卷佐证。这些证据的真实性、合法性、关联性已经庭审质证和本院审查，可以作为认定本案事实的根据。

［法律问题］

1. 本案中，孙某和谢某间的婚姻关系效力如何？

2. 在撤销婚姻案件中，涉及金钱的情形下应如何准确界定胁迫行为？

［重点提示］

《婚姻法司法解释一》第 10 条第 1 款进行了细化，所谓胁迫，"是指行为人以给另一方当事人或其近亲属的生命、身体健康、名誉、财产等方面造成损害为要挟，迫使另一方当事人违背真实意愿结婚的情况"。但并不是任何生活中的胁迫均构成法律上的胁迫。法律上的胁迫，需形成"被害人几乎无选择"。

本案中，双方形成债权债务关系，并且债权人的债权实现完全有合法合规的方式。本案原告选择"结婚"便于获得清偿，究竟属于"受胁迫"还是"受欺诈"，值得进一步探讨。

第二章　夫妻协议

知识概要

准夫妻在婚前或者婚姻关系存续期间往往会签署各类协议，以进一步在法定权利义务之外明确约定义务。根据协议的内容，可以划分为财产协议与非财产性协议两大类，后者常见的为"忠诚协议"。

夫妻财产协议内容具有多元性。常见的类型为约定财产制，即夫妻部分或者全部不适用法定财产制，而采用个人财产制度或者更具个性化的财产归属方案。也有的通过夫妻财产协议来设定彼此之间长期性的或者一次性的给付义务。

忠诚协议是指准夫妻或者夫妻对彼此之间的忠诚义务进行具象化，即约定哪些行为视为违反忠诚义务及相应的法律后果。

一、婚前财产协议

经典案例

叶×与张×夫妻财产约定纠纷案

[基本案情]

2014年2月，张×起诉至原审法院称：我与叶×于2009年开始恋爱，恋爱期间，我不慎怀孕。我是演员，工作较多，本不想怀孕，但考虑到打胎对身体影响很大，加上叶×也强烈要求生下孩子，不得已我只好辞去了工作。因辞职后我没有了较丰厚的收入，我母亲也为照顾我丢掉了工作，

经典案例
判决书原文

2010年1月28日，我和叶×签订了婚前协议，双方约定，从领取结婚证一起生活起，叶×每月支付我人民币2万元，如因叶×的原因离婚，叶×还承诺将2套房屋给我。次日我们登记结婚。婚后叶×无正当理由经常夜不归宿，且没有按婚前协议的约定给付我生活费，导致双方经常争吵，感情破裂。2011年3月，我们在民政局协议离婚，因叶×承诺婚前协议继续履行，所以就没把婚前协议的内容写进离婚协议中。此后，叶×一直未履行婚前协议的约定，故我诉至法院要求叶×履行婚前协议第1条的约定，给付我自2010年1月29日起至2011年3月25日的生活费共计28万元；叶×给付因未能履行婚前协议的补偿费2万元；诉讼费由叶×负担。

叶×在原审法院答辩称：本案是债权的诉请权，现已过诉讼时效；张×起诉状中所写内容与事实不符，且与本案无关；双方在离婚协议中写明双方无共同债权债务，故不同意张×的诉讼请求。

原审法院经审理查明：2010年1月28日，乙方张×、甲方叶×签订婚前协议，协议第1条约定：从甲乙双方正式领取受《中华人民共和国婚姻法》保护之结婚证，双方一起生活起，甲方每月支付乙方人民币2万元。甲方将在每个自然月最后一日将下一自然月的生活费打入乙方指定存折，账号为××××，户名张×。如开销数额增长，双方视情况可签署本协议之补充协议。次日，双方办理了结婚登记并领取了结婚登记证，2010年4月17日生育一子叶某甲。婚后，双方感情不和，叶×未按婚前协议约定内容履行。2011年3月25日，张×、叶×经北京市××区民政局办理了离婚手续，离婚协议书中载明，双方婚后无共同债权债务。

[法律问题]

婚前财产协议具有什么样的效力？当协议内容与物权公

示状况不一致时，法院应当如何处理？

[参考结论与法理精析]

（一）法院意见

一审法院判决认为：张×、叶×系完全民事行为能力人，双方自愿签订的婚前协议，其中第1项之内容未违反法律法规的规定，系合法有效。叶×虽对婚前协议的真实性提出异议，但该协议已经法院生效判决确认，故双方均应依此履行。现张×要求叶×给付2010年1月29日起至2011年3月25日期间的生活费，理由正当，证据充分，法院予以支持。张×要求叶×给付未能履行协议的补偿费2万元，于法无据，对此法院不予支持。关于叶×提出张×超过诉讼时效主张权利一节，法院认为，双方签订的婚前协议，系不能分割之整体，双方曾因该协议的其他内容产生纠纷，并经过法院审理，诉讼时效属于中断的情形，故张×提起本案诉讼并未超过诉讼时效。

判决后，叶×不服一审判决，提起上诉。

二审法院认为：本案中张×、叶×于2010年1月28日签订婚前协议，根据该协议第1条约定，自双方领取结婚证之日起，叶×应每月支付张×人民币2万元，并在指定的时间打入张×的账户内。订立协议的次日，双方办理了结婚登记并领取了结婚登记证。从婚前协议的内容来看，系张×与叶×对双方婚后共同生活期间男方给予女方一定数额的生活费作出的约定，本院认为，该约定是双方对婚姻关系存续期间家庭生活费用的负担所作出的约定，应当属于夫妻财产约定的范畴，双方通过书面形式在平等、自愿、真实意思的情况下所作出的意思表示，对双方具有约束力。

（二）婚前财产协议的内容及其效力

婚前协议是由平等的双方当事人（准夫妻双方）意思表示一致而形成的产物。若未来离婚，婚前协议的部分内容作为双方对于夫妻财产的合意，根据协议优先原则，将对离婚后财产的分割方式与分割结果产生效力。因此，婚前协议性质的认定及有效性判断，在审理离婚纠纷案件中至关重要，往往也是离婚纠纷的焦点问题之一。

婚前协议的类型是多元化的，既包括夫妻对夫妻婚前财产和婚后所得的归属、管理、收益、使用和处分的约定，也可以包括对相互之间给付义务的约定。

关于婚前财产协议的效力，最高人民法院对此问题的观点采用了与夫妻间赠与相区别的思路。最高院民一庭负责人在答记者问时明确指出，《婚姻法》第19条规定的夫妻财产制约定类型仅包括约定分别所有、约定共同所有、约定部分共同所有和约定部分各自所有，夫妻一方将其特定财产约定为对方所有的，不在此列，仅是夫妻之间的赠与行为，在财产所有权未转移的情况下，赠与人可以依照《合同法》的规定撤销赠与。[1] 约定财产制的立法目的，是为了体现对当事人意思自治的尊重和处理财产自主权的保护，协议中的约定是在夫妻之间发生所有权转移的行为，应当予以认可。

（三）实务观点整理

有实务界人士整理了实务中对婚前（财产）协议效力的常见审判观点。

1. 违反婚姻自由的强制性法律规定而无效。比如，(2016) 陕0902民初341号判决书。该判决中，陕西省安康市汉滨区人民法院认为，原、被告在《婚前协议》中约定："婚前，男方向女方支付定金4万元，以保证双方对婚姻的

拓展阅读

---

　　[1] "经反复研究论证后，我们认为，我国婚姻法规定了三种夫妻财产约定的模式，即分别所有、共同共有、部分共同共有和部分各自所有，并不包括将一方所有财产约定为另一方所有的情形。将一方所有的财产约定为另一方所有，也就是夫妻之间的赠与行为，虽然双方达成了有效的协议，但因未办理房屋变更登记手续，依照物权法的规定，房屋所有权尚未转移，而依照合同法关于赠与一节的规定，赠与房产的一方可以撤销赠与。"张先明："总结审判实践经验凝聚社会各界智慧正确合法及时审理婚姻家庭纠纷案件——最高人民法院民一庭负责人答记者问"，载《人民法院报》2011年8月13日，第3版。

坚守，谁违反婚姻的坚守，则按定金定义处罚。""非男方原则性错误造成的婚姻破裂，女方双倍退赔婚前男方向女方支付的定金。"原、被告所达成的定金条款违背了《婚姻法》的婚姻自由原则，属无效协议，原告应退还被告支付的40 000元。

2. 违反"借婚姻索取财物"的强制性法律规定而无效。比如，（2016）甘民申606号法院判决书。该判决中，甘肃省高级人民法院认为，根据《婚姻法》的有关规定，合法、正常的婚姻关系应当以婚姻自由、男女平等为基础。本案中，申请人袁某某与被申请人汪某某双方签订的"婚前协议"将房屋、金钱的赠与作为双方缔结婚姻关系的条件，违反了《婚姻法》第3条"禁止包办、买卖婚姻和其他干涉婚姻自由的行为。禁止借婚姻索取财物"的规定，对社会道德风尚和婚恋价值观所造成的影响是消极、负面的。为了倡导社会主义精神文明、促进社会和谐稳定，依据我国婚姻家庭的基本制度和基本原则，本院对双方"婚前协议"的效力不予认定。

3. 约定间接违反法律强制性规定而无效。比如，（2015）杭拱民初字第1583号判决书。该判决中，杭州市拱墅区人民法院判决如下：原、被告《婚前协议书》关于原告出资8万元装修、购买电器的款项的约定明确，但从该约定内容可知，徐某同意将8万元款项转换为装修和电器，双方确认该部分属于徐某的财产，目前装修和电器的现值应折价归还徐某，本院酌情确定为64 000元。……被告主张原告赔偿离婚损失费500 000元。本院认为，《婚前协议书》的相关约定表面上未限制当事人的离婚自主权，但实际上束缚了双方提出离婚的自由，违背了婚姻自由的原则，不应受到人民法院的保护，故对被告的该相应请求不予支持。

4. 协议即使有效，法院也可能有酌情判决的灵活度。此外，即使婚前协议有效、约定合法，也不意味着法院一定会按照婚前协议来判。

　　婚前协议约定一方婚前房屋婚后由双方共有，但不动产产权变更须以登记为要件，仅有协议约定无法变更产权。在实践中，有太多男女双方在结婚之前约定男方个人名下所有的房屋需添加女方的名字的案例。但以婚前协议的形式约定一方名下个人所有的财产变更为共同财产的情形中，法院一般认定为赠与在实际交付或过户登记之前可以撤销，除非赠与行为是属于具有救灾、扶贫等社会公益、道德义务性质的或者经过公证的，因此，对于此类约定的诉讼请求，法院还需要结合具体情况来判决。

　　在（2016）陕01民申12号判决中，陕西省西安市中级人民法院指出：根据双方婚前协议约定，计某某自愿将其名下2处房产各50%的产权赠与贾某某，但并未办理变更产权登记，也未实际交付，而且贾某某亦未能提供确实有效的证据证明上述赠与行为属于具有救灾、扶贫等社会公益、道德义务性质的赠与合同或者经过公证的赠与合同，原审据此认为计某某请求撤销婚前协议中关于赠与贾某某2套房产各50%产权的约定于法有据，判决依法予以支持正确。

　　婚前财产协议与忠诚协议相区别，但往往也有交叉之处。下文将有论述。

▶ 拓展案例

曲某某与寇某某离婚纠纷二审民事判决书

［基本案情］

　　原告曲某某与被告寇某某经人介绍于2014年5月19日依法登记结婚，双方均系再婚，婚后无子女。婚前双方签订婚前财产约定协议书一份，协议书约定：①寇某某现有人民币"陆万元整"，属个人婚前财产。②寇某某同意用此款给曲某某交纳社会养老保险金，双方办理结婚登记手续。③婚

拓展案例
判决书原文

后如果曲某某提出离婚，必须将6万元返还给寇某某。④双方信守承诺，不得反悔，任何一方违反上述约定通过人民法院裁决。现原告提出离婚，被告同意离婚。被告要求原告返还其婚前给付的6万元。

一审法院认为，被告给付原告用于缴纳社会养老保险金6万元属于被告的婚前财产，这一点双方当事人在协议书中也已明确约定。原告虽称被告的心理、生理有问题并且被告的行为给原告的身心造成了极大的伤害，但无证据证明。现双方解除婚姻关系，原告应将被告给付的6万元予以返还。

一审后原告不服，提起了上诉。

[法律问题]

对于被告给付原告用于缴纳社会养老保险金的6万元，原告是否应当返还？

[重点提示]

本案中被告为原告缴纳社保6万元的行为是否为赠与行为？双方婚前协议中约定以离婚作为返还6万元的条件，是否因违反了离婚自由原则而无效？如果无效，其法律后果是什么？

二、忠诚协议

➡ 经典案例

上诉人仇甲与被上诉人张甲离婚
纠纷一案的民事判决书

[基本案情]

2003年张甲与仇甲因同事关系相识，后经恋爱于2005年6月28日结婚，2008年2月26日生一子仇乙。近几年双方夫妻感情不和，仇甲曾于2012年向法院起诉要求离婚。

经典案例
判决书原文

原审法院判决驳回其离婚请求。后双方夫妻关系未见改善，张甲于 2012 年 12 月 27 日向法院起诉要求离婚并抚养婚生子及分割夫妻共同财产。

2011 年 11 月 15 日，双方签订了"夫妻忠诚协议"。该协议主要内容为：张甲与仇甲在南京市珠江路共有一套房产、一辆马自达牌汽车及存款 20 万元，双方自愿约定归张甲所有，属其个人财产，若双方离婚，上述财产不作为夫妻共同财产分割（珠江路房屋贷款的主贷人是仇甲，余下房贷由双方共同偿还）；双方确认婚姻关系存续期间任何一方如对外负有债务的，由负债方自行承担。为增加责任感、促进夫妻关系融洽及家庭和睦，双方达成如下协议共同遵守：①夫妻双方必须忠诚对待对方，不得有意欺骗对方；②必须对对方绝对忠诚，不得有第三者、婚外情或与他（她）人同居、通奸；③不得有一夜情发生……⑨如发现任何一方有违反以上协议中任何一条行为的（以下把违反规定一方称为负责方，把另一方称为受害方），负责方自动放弃夫妻共有财产、自动净身出户，另给付受害方 150 万元名誉赔偿金和精神赔偿金，离婚时，负责方不得阻挠，并主动放弃对孩子的抚养权和家里房产及其他财产的所有权，并每月支付 1 万元孩子的抚养费、教育费、医疗费、保险费、生活费等。

2012 年，张甲发现仇甲与钱某某有婚外情关系。

[法律问题]
本案中，忠诚协议约定的效力如何？

[参考结论与法理精析]
（一）法院意见
"夫妻忠诚协议"的后一部分，约定了夫妻双方基于忠实义务而不得实施的行为，并约定了违反义务一方自动放弃夫妻共有财产，另给付受害方 150 万元名誉赔偿金和精神赔偿金，主动放弃对孩子的抚养权和家里房产及其他财产的所有权，并每月支付1万元孩子的抚养费、教育费、医疗费、保险费、生活费等。夫妻之间相互忠实既是道德的要求，也是《婚姻法》第4条明文规定的法律义务。夫妻双方可以约定违反该项义务所应承担的财产责任。但本案中，双方约定违反忠实义务的一方丧失婚生子的抚养权并每月支付高额的抚养费用，这与法律规定的子女抚养权的确定是从有利于子女身心健康、保障子女的合法权益出发的原则不符，属无效约定。协议约定的违反忠实义务的一方承担的财产责任亦过于严厉。即使仇甲是违反忠实义务的过错方，也有其合法的财产权益。如按此协议履行，则可能造成仇甲生活困难，而张甲获利极大，双方利益过于失衡，也对仇甲抚养仇乙健康成长不利。故认定不能完全按照双方所签协议的后半部分约定内容履行。张甲诉讼请求中亦未完全按该约定赔偿标准主张权利，仅主张了5万元赔偿金，其该项请求远低于协议约定的150万元及仇甲书面承诺的200万元的赔偿标准，考虑到了仇甲的实际给付能力，应予支持。

（二）忠诚协议的法律效力

实务中，由于忠诚协议约定内容的复杂性与多元化，很难笼统地说忠诚协议的有效抑或无效。理论界对忠诚协议支持的观点与反对的观点都有。其中，反对的观点中，比较有法理基础的观点是：夫妻忠诚协议通过合同预定了侵权损害赔偿，因而不应被赋予法律效力。即在侵权责任法中实行的是填补损害的赔偿原则，如果允许当事人对此侵权损害事先约定，就违反了填补损害的原则。

北京市东城区人民法院李双庆法官于2015年在《审判研究》中整理过对于忠诚协议中约定夫妻一方实施了某项行为作为离婚后赔偿条件的效力的后果分析：

1. 如协议约定一方婚姻存续期间重婚、同居、通奸、强奸、卖淫嫖娼导致离婚赔偿的，因过错方行为难以在道德和法律上立足，也违背了协议的约定，如果约定的赔偿实际履行后不影响过错方的正常生活需要和其他人的合法权益的，应当认可该协议的效力。

2. 如约定一方婚姻存续期间不许生子、不许外出工作等离婚后主张赔偿的，因协议内容干涉公民基本人身自由权利，超越意思自治范畴底线，虽有协议存在，一方主张违约方赔偿的，法院不应予以认可。

3. 对于协议约定一方婚姻存续期间出现一些法律上、道德上无明显特别大的过错的瑕疵，如与他人言语的轻浮、浏览色情网站、虚拟网络家庭等而离婚主张赔偿的，笔者认为，应由法官结合案件实际情况，具体问题具体分析，作出更为公正的裁决。

另外，对于在夫妻忠诚协议之中就子女抚养权、抚养费、探望权方面作出了约定的，笔者认为，父母与子女的关系是一种血缘上的关系，抚育子女是父母的一项法定义务，也是子女应享有的权利。夫妻双方不能通过协议约定的方式免除己方或对方的抚养义务，而且这种约定也侵害了子女的合法权利，这种夫妻忠诚协议是不合法的；探望子女也是父母的一种法定权利，接受父母探望对子女来说也是一种权利，将不能探望子女作为对过错方的惩罚也是不合法的，对涉及此类的约定的忠诚协议，法院应否认其效力。

➡️ 拓展案例

胡某甲与叶某离婚纠纷案

[基本案情]

原告胡某甲向原审法院起诉称：原告与被告于1998年正月经人介绍认识，于×××年××月××日领取结婚证，2000年9月20日生一儿子，取名胡某乙。被告认为原、被告夫妻关系不好，完全是因原告多次"出轨"引起，因此

拓展案例
判决书原文

要求原告支付被告赔偿金 50 万元，其依据为双方签署过的《约定》。

经法院查明，2009 年 8 月 12 日，双方签订《约定》一份，约定："……①双方必须以家为重，忠诚于家；②如一方有违约行为，过错方必须赔偿无过错方人民币 50 万元整；③做人要诚实守信，不得违背诺言。"2009 年 9 月 5 日，原、被告双方再次签订《协议书》一份，约定："双方如有证据证明对方有不忠于夫妻感情的事情（包括但不限于婚外情、嫖赌、重婚、与他人同居），而且由过错方先提出离婚的，必须承担以下责任：①过错方必须净身出户，且承担家庭的所有债权债务。②过错方应支付无过错方精神损害赔偿金人民币 50 万元（大写：伍拾万元整）……"

[法律问题]

1. 净身出户的约定是否有效？

2. 法院是否有权酌情调整约定的精神损害赔偿额？

[重点提示]

约定一方在离婚之时净身出户即放弃所有的婚姻财产利益，是否有可能因损害潜在债权人的利益而无效？是否有可能因损害其承担抚养义务与赡养义务等法定义务而无效？

抛开精神损害赔偿是否能够事先约定的问题不谈，精神损害赔偿金的数额的确定，根据司法解释需要参考多种因素后由法院酌情确定。除此之外，如果将本案中的精神损害赔偿视为违约金，法院是否可以准用《合同法》的规定酌情调整？

第三章　亲属间的赠与

知识概要

《合同法》第185条对一般赠与进行了规定："赠与人将自己的财产无偿给予受赠人。"《合同法》的此项规定并无明确限定所适用的主体。因此，亲属间赠与是民法上赠与中的一种。本章讨论的赠与关系的当事人限定为具有亲属关系的自然人，包括但不限于夫妻间赠与的情形。我国立法层面目前尚未对亲属间赠与进行明确的特别规定，司法解释的部分规则虽有所涉及，但逻辑并不清晰，这导致司法实践中存在相当的混乱。亲属间赠与往往兼具人身和财产属性，理论上应当在适用《合同法》的同时考虑当事人之间关系的特殊性，并且明确特殊性的法律后果。在夫妻间赠与的案件中，存在着与婚姻财产协议混淆存在的情况。[1]

亲属间关系具有长期性，同时还可能存在扶养、扶助的潜在对价性。通过对司法案例进行归类讨论，有助于理清亲属间赠与的特殊性，更好地处理实践中亲属间（尤其是夫妻间）财产关系的相关问题。

---

〔1〕 范李瑛："夫妻财产约定的性质及法律适用"，载《烟台大学学报（哲学社会科学版）》2004年第2期。

一、亲属间赠与的性质辨析

▶ 经典案例

张某某诉侯某离婚案

[基本案情]

原、被告于 2004 年 5、6 月份在上海自行相识恋爱，2007 年 4 月 3 日在河南登记结婚。原告系再婚，被告系初婚，婚后双方并未生育子女。原、被告婚后主要居住在上海市威宁路 8 弄 5 号。2007 年 10 月，双方因故产生矛盾，发生争吵。原告自 2007 年 10 月起离开双方共同居住的房屋，双方分居至今。现原告再次以夫妻感情破裂为由诉至本院，要求与被告离婚。

双方在婚后并未添置任何财产，无共同债权、债务；曾于 2007 年 3 月 28 日签订了一份《财产约定协议书》。该协议书第 1 款约定："甲方张某某自愿将自己所有的婚前财产人民币 2500 万元赠与乙方侯某。张某某承诺以婚后每年年底支付人民币 100 万元的方式支付给乙方侯某，直至 2500 万元付清。如果期间婚姻发生变故，自离婚之日起甲方不再支付乙方剩余款项……"第 2 款约定："甲方张某某自愿于婚后一个月内赠与乙方侯某结婚礼金人民币 200 万元……"对此，被告表示，原告张某某仅按照协议书的第 2 款内容向其给付了结婚礼金人民币 200 万元，但对于第 1 款从未履行过。原告对该份协议书的真实性无异议，但认为协议书约定的金额远远高于正常婚姻中发生的财产关系的合理数额，被告基于婚姻骗取原告的财产，原告已经给付被告人民币 200 万元，故不同意继续履行该份协议书。

[法律问题]

1. 原、被告于婚前签订的财产协议是否应当继续履行？

2. 应当如何界定本案中《财产约定协议书》的性质？

[参考结论与法理精析]

（一）法院意见

法院认为，从协议书的内容及双方当事人在三次诉讼中的庭审陈述来看，该份协议书的约定并非原告基于当时自身的既有财产所作的权利处分，而是原告基于其对自身未来收入的预期而对被告所作的赠与承诺。该份协议书签署于双方结婚之前，原告确实按约向被告给付了礼金人民币 200 万元，因婚后半年双方感情发生变故，原告不愿意继续履行该协议。综合分析该份协议书的内容及形式，根据合同法关于赠与合同的相关规定，本案并不存在原告不得撤销赠与的法定情形，故被告要求原告继续履行协议书的请求不予支持。

（二）婚姻财产协议与赠与协议的辨析——《财产约定协议书》的性质界定

婚前财产约定是夫妻间为排除法定夫妻财产制的适用，对婚前及婚内财产的权属等事宜进行的约定。《婚姻法》第 19 条规定的夫妻财产制约定类型仅包括约定分别所有、共同所有、部分共同所有和部分各自所有。而夫妻一方将其特定财产约定为对方所有的，不在此列。约定财产制的创设，目的是赋予夫妻选择法定财产制以外财产关系的权利，涉及对夫妻双方婚前及婚内所得的现有及将来财产的归属和管理进行预先约定，这种约定对夫妻的全部财产具有普遍约束力，并在婚姻存续期间持续发生作用。

而像本案中的情况，夫妻一方约定其婚前财产通过赠与的方式归对方所有，实质上是发生在夫妻间转移特定财产所有权的行为，目的仅在于改变该特定财产或财产份额的权利归属，对夫妻婚前及婚后取得的其他财产并无概括性的约束力。此项法律行为虽名为"财产约定协议"，但本质上不属于对夫妻间财产关系的约定，而是夫妻间的赠与行为。《最高人民法院关于适用〈中华人民共和国婚姻法〉若干问题的解释（三）》（以下简称《婚姻法司法解释三》）第6条已明确规定，夫妻在婚前或婚内向另一方赠与房产的情形可以适用任意撤销权，应当认为是赠与合同撤销权在夫妻间赠与中的体现，而不是婚姻财产协议的特别规定。

（三）夫妻赠与中的附条件

夫妻或者准夫妻赠与中，经常直接或者间接附上与身份关系相关联的条件。典型的条件例如：

1. 以夫妻关系存续为条件的赠与，即夫妻关系每存续一年，就赠与特定数额的财产。

2. 以夫妻关系解除为条件的赠与，即过错方向非过错方在夫妻关系解除之时赠与特定的财产。

3. 以谅解为条件的赠与，即一方以获得对方对其过错行为的谅解为条件的赠与。

赠与是无偿法律行为。对于陌生人的赠与，往往是慷慨之爱心。但是在配偶之间的赠与，往往不是基于爱情，因为纯正的爱情不需要金钱这一添加剂。夫妻或者准夫妻之间的赠与，往往与家庭中某一特定背景或者特定事件相关联。因此脱离背景或者特定事件来对赠与行为进行法律适用，可能会存在结果上的偏差。

再者，将身份关系作为财产法律行为的条件，也是一个值得理论上进一步阐释的法律问题。

▶ 拓展案例

边某甲与寿某离婚纠纷案

[基本案情]

拓展案例
判决书原文

原、被告于2011年5月相识，×××年××月××日登记结婚。×××年××月××日生育儿子边某乙。婚后由于被告性格脾气偏执极端，经常为一些小事与原告大吵大闹。在争吵中被告还用刀砍坏桌子、摔坏椅子、砸坏电视机，且用手抓伤原告，致原告遍体伤痕。被告提供了房屋所有权证、承诺书各一份，证明陶朱街道西二环路 257 号西城花苑 18 幢 010502 房产（含架空层 30.96 平方米）系夫妻共同财产，要求依法分割。经原告质证，对房屋所有权证无异议，本院予以确认。对承诺书，原告认为签名是原告所签，因为被告当时一直吵着要离婚，为了好好过日子原告写了承诺书，但未办理房产变更登记。本院认为，原告经质证对承诺书的真实性无异议，对其证明力予以确认。

原告于 2014 年 2 月 19 日向法院起诉要求与被告离婚，法院经审理后驳回了原告的诉讼请求。此后，被告仍无和好诚意，原、被告无法共同生活，夫妻感情彻底破裂。再次起诉请求判令原、被告离婚并依法判决婚生儿子边某乙的抚养问题。

［法律问题］

应当如何界定本案中"承诺书"的性质？

［重点提示］

承诺书是单方法律行为还是双方法律行为的赠与？如果是单方无对价的允诺，是否允许撤销？如果视为赠与，在未变更登记之前，承诺人即原告在庭审中明确表示该房产非夫妻共同财产，是否可以视为对赠与行为的撤销？

二、亲属间赠与的撤销

➡ 经典案例

王某乙诉王某甲赠与合同纠纷案

［基本案情］

王某甲系王某乙之长子。2003 年 3 月 11 日，王某乙购

经典案例
判决书原文

买讼争房产并支付了全部购房款，2006 年 4 月 14 日，王某乙将讼争房产的房屋产权登记在王某甲名下，且讼争房产的原始产权证原件一直由王某乙保管，租金收入由王某乙委托他人代为收取。2012 年 12 月 14 日，王某甲在《厦门日报》刊登"遗失声明"称讼争房产的产权证因保管不慎遗失，向厦门市国土资源与房产管理局申办遗失补证，于 2013 年 3 月 18 日领取补办的厦门市土地房屋权证，并进而收取讼争房产的租金。

同时，2012 年 8 月 24 日，王某甲伪造其签名后在菲律宾起诉王某乙，企图侵占其公司股权，后又伪造菲律宾证券交易委员会执行及调查处起诉及执行部的主任签名并出具伪造的声明，企图侵犯王某乙公司财产。更为严重的是，王某甲于 2013 年 2 月又在菲律宾向检察院提起刑事诉讼，起诉王某乙及其儿子王某丙、其女儿犯有伪造公文罪及王某丙犯有伪证罪。原告请求：撤销王某乙对王某甲厦门市厦禾路 828 号 104 单元店面的赠与；王某甲立即到厦门市国土资源与房产管理局将厦门市厦禾路 828 号 104 单元店面过户登记至王某乙名下。

[法律问题]

1. 是否存在王某甲侵害王某乙权益的行为，并且是否构成《合同法》第 192 条规定的赠与撤销的条件？

2. 亲属间赠与的撤销有何特殊性？

[参考结论与法理精析]

（一）法院意见

本案中，讼争房产的原始产权证原件一直由王某乙保管，对此王某甲是知道的，但却称产权证保管不慎，并登报遗失，向厦门市国土资源与房产管理局补办产权证，进而收取讼争房产的租金，王某甲的行为已严重侵害了王某乙的权利。此外，子女乃父母亲的精神寄托与依靠，王某甲作为王某乙的长子，在其母亲（2005 年）去世后，理应对年迈的父亲怀有尊重、爱护之心。但是王某甲基于经济利益纠纷方面的原因对本应安享晚年的父亲王某乙进行刑事控告，企图让年迈的父亲王某乙受到刑事制裁，致使本案所涉赠与依据的父子亲情的基础丧失。无论刑事控告结果如何，必然是对王某乙精神层面的严重伤害，王某乙的诉讼请求符合《合同法》第 192 条规定的可以撤销赠与的情形。

（二）亲属间赠与的撤销

《合同法》第 192 条规定："受赠人有下列情形之一的，赠与人可以撤销赠与：①严重侵害赠与人或者赠与人的近亲属；②对赠与人有扶养义务而不履行；③不履行赠与合同约定的义务。赠与人的撤销权，自知道或者应当知道撤销原因之日起一年内行使。"其中，第①项中侵害的情况应包括身体健康、精神、人格权、财产权等方面的侵害。而《合同法》第 186 条规定了在赠与财产权利转移之前赠与人的任意撤销权。

一方面，对于《合同法》第 192 条，当赠与人与被赠与人系亲属时，对是否构成"侵害"的判断具有一定特殊性。即使没有法定扶养义务，也可能因为当事人之间的特殊关系，构成对近亲属赠与人的侵害。因此在实践中，应当结合具体案情综合分析判断，不能局限于一般赠与合同的规定。

另一方面，对于任意撤销权的行使，在亲属赠与的情形下也有所不同。亲属之间的赠与往往没有严格的权利外观变化，尤其是在不动产登记变更上。如果单纯地适用《合同法》的刚性规定，对当事人之间的扶养关系或者夫妻对家庭付出的多少在所不问，忽略了亲属间赠与的特殊性，不利于当事人权益的维护。例如，在夫妻间赠与的情形中，一方将房产赠与对方，在主观上并非无偿，常常是基于与对方结婚或巩固家庭的考量。为了家庭稳定的考虑，房产权利可能并没有转移。这时，在受赠人信守承诺缔结婚姻、为家庭付出较多的情况下，如果仅因赠与房产权利未转移即允许赠与人撤销赠与，无异于支持婚姻中的背信行为，难以保护对婚姻关系抱有信赖以及婚姻存续时间较长、为家庭贡献较大的受赠人利益。

因此，在适用《合同法》规定的同时，亲属间赠与应当同时考虑亲属关系的特殊性，在司法实践中，对受赠人的侵害行为进行综合分析，并结合婚姻家庭的实际，对任意撤销权进行一定程度的限制，有利于亲属间赠与关系的稳定和对当事人利益的保护。

➡ 拓展案例

朱某与夏某赠与合同纠纷案

[基本案情]

拓展案例
判决书原文

原告朱某和被告夏某于 2011 年 6 月 17 日登记结婚，同日双方签订了一份《婚前财产约定》，约定原告个人的婚前财产铜庄小区三区 10 栋 505 号房产归双方共同所有，并在安徽省铜陵市衡平公证处办理了公证。该房产于 2010 年 10 月 12 日办理了抵押，目前仍在原告朱某一人名下。2014 年 6 月 18 日，原告朱某突发脑溢血，在铜陵市人民医院治疗，病情稳定后于 2014 年 8 月 22 日出院并转入铜陵市第二人民医院康复治疗。2015 年 1 月 9 日，经安徽博爱司法鉴定所鉴定为：脑中风后遗症遗留 2 项功能障碍。被评定为言语和肢体一级残疾，日常生活需要有人照顾。

后原告朱某家人与被告因为照顾朱某一事多次发生纠纷，并多次报警。第一次报警的时间为 2015 年 2 月 21 日，被告离家，至庭审时仍在娘家居住。

朱某向一审法院起诉请求法院判令撤销原、被告之间于 2011 年 6 月 17 日签订的《婚前财产协议》，判决原告婚前房产铜庄小区三区 10 栋 505 号归原告个人单独所有。

[法律问题]

被告夏某离家出走不予照顾配偶的行为，是否足以构成撤销赠与的情形？

[重点提示]

《婚姻法》第 20 条第 1 款规定，"夫妻有相互扶养的义务"，并且相对于其他亲属，配偶是第一顺位的抚养义务责任人。妻子夏某在丈夫朱某患突发脑溢血住院及康复治疗期间，未完全尽到妻子应尽的主要扶养照料义务，且因为照料朱某事宜不能正确处理好与朱某父母的关系，相互多次发生吵打并由公安派出所出警处理。夏某在朱某住院及康复治疗期间需要照料时，于 2015 年 2 月 21 日离家回娘家居住，并于 2015 年 6 月 29 日向一审法院起诉与朱某离婚。此项行为，在被告另有其他亲属能够照顾的情况下，是否构成"遗弃"？

三、目的赠与的规则

➡ 经典案例

周某某与朱某某赠与合同纠纷案

[基本案情]

原、被告于 2009 年 2 月相识，同年 8、9 月正式建立恋人关系并同居生活。2012 年 4 月，双方分手。同居期间，原告周某某为达到与被告朱某某结婚的目的，通过首付343 155 元，并加 2 个月的月供 16 000 元，在仙居县天立国际公馆购买 3 幢 2 单元 1001 室房屋一套，在北京付款183 000 元购买红色马 6 轿车一辆，均登记在被告朱某某名下。2012 年 7 月 24 日，原告周某某为挽回被告朱某某的芳

经典案例
判决书原文

心，双方能缔结姻缘，与被告朱某某共同在辽宁卫视《复合天使》栏目做了一期《房子、车子留不住爱情》节目，但仍未达到和好之目的。2013年1月，被告朱某某与他人登记结婚。原告请求判令被告朱某某归还购房款407 155元，返还红色马6轿车一辆。

被告朱某某辩称：原告周某某的诉讼请求为返还财物，但又认为构成附条件赠与合同关系，没有事实与法律依据，应驳回其诉讼请求。

[法律问题]

1. 法院应当如何判定涉案财物的归属？
2. 目的赠与的制度设定有没有合理性？

[参考结论与法理精析]

（一）法院意见

本案中，原告周某某为达到与被告朱某某结婚的目的，在双方同居期间，将首付加二期月供购买的房产、购买的轿车登记在被告朱某某的名下，其行为应认定为目的赠与。原告周某某作为赠与人在其目的不能实现时，可行使债权性请求权要求被告朱某某返还受赠的财物。因此，原告周某某的诉讼请求合法，本院予以支持。

（二）目的赠与之规则

本案判决中，明确认定了"目的赠与"这一在司法实践中多次被认可但尚缺乏明确的立法依据的制度。

目的赠与在本质上仍属于赠与，但因其基于某种特定目的而作出，赠与人不具有主观上的无偿性，因而属于一种特殊的赠与类型。主要体现在赠与返还规则上，目的赠与除了适用《合同法》在赠与实现前的任意撤销权的规定之外，还以赠与人目的是否实现为判断应否返还赠与的依据。赠与人的目的实现后，其权利即受到制约，不能任意撤销赠与；而在赠与目的未实现时，受赠人已受有的利益便会丧失法律上的原因成为不当得利，赠与人可请求返还赠与。

尽管我国立法目前尚未正式确立目的赠与规则，但适用目的赠与规则处理夫妻赠与纠纷在部分法院的裁判指导文件及司法判决中已有所体现。

目的赠与规则在理论研究中并未获得足够的重视，即使部分法院在裁判指导性文件中对此有所涉及，也是零星式地出现，并未有体系化的规定。目的赠与符合最为朴素的公平正义观念，但是司法审判不能仅仅依靠朴素的公平正义观念，有待立法者对此问题进行体系化的规定。

➡ 拓展案例

汪某某与潘某某赠与合同纠纷案

[基本案情]

2011 年 7 月 13 日，汪某某与潘某某在乌鲁木齐市水磨沟区民政局登记结婚。同日，汪某某将其所有的位于乌鲁木齐市水磨沟区温泉西路 717 号（原住所地为乌鲁木齐市水磨沟区温泉西路 42 号）1 栋 1 单元 204 室房屋过户至潘某某名下。2011 年 7 月 18 日，汪某某与潘某某签订《夫妻财产约定协议》，约定，甲方：汪某某，男，1942 年 7 月 11 日出生，身份证住址为乌鲁木齐市水磨沟区，身份证编号：××××××。乙方：潘某某，女，1964 年 8 月 11 日出生，身份证住址为新疆图木舒克市，身份证编号：×××××。汪某某、潘某某于 2011 年 7 月 13 日在水磨沟区民政局登记结婚。为预防今后为财产问题发生纠纷，根据《婚姻法》的规定，双方经充分协商，约定如下：①潘某某名下位于乌鲁木齐市水磨沟区温泉西路 717 号 1 栋 2 层 1 单元 204 号有房屋一套（房屋所有权证编号：乌房权证水磨沟区字第 2011384256 号）归潘某某所有。②潘某某享有上述房地产

所有、占有、使用、收益的权利，与汪某某无关。③本协议自双方签字后生效。该协议签订后，经乌鲁木齐亚心公证处公证。2011年9月，潘某某以迁移户口为由离家。后一直未能与汪某某共同生活。2014年6月，潘某某起诉汪某某，要求离婚，后撤诉。汪某某提起诉讼，请求撤销与潘某某之间的房屋赠与合同；返还位于乌鲁木齐市水磨沟区温泉西路717号1栋2层1单元204号房屋所有权。

[法律问题]

本案中，汪某某与潘某某之间的房屋赠与合同能否撤销？

[重点提示]

本案中，当事人的赠与发生在结婚当天，并且在结婚登记后不久进行了公证，明确为被告的个人财产。因此，认定该项赠与与结婚相关是存在极大的可能性的。因此，本案是否可以认定为目的性赠与？从另外一个角度看，本案中赠与标的物的变更登记发生于结婚当天，因此可以预见其变更登记的合意很可能发生在结婚之前。如果上诉判断成立，本案中赠与标的物是否构成彩礼？其后的公证文书是确认效力还是形成了新的权利义务？

第四章　股权的夫妻共有及其分割

知识概要

离婚诉讼中，股东权益作为一种新型财产表现形式，往往成为争议焦点。因此，正确认定股权性质，判断其是否属于夫妻共同财产对股权分割问题具有重大意义。

对于夫妻共同财产中股权的分割，不仅涉及夫妻双方的利益，还涉及公司其他股东的投资风险、公司的经营与发展。妥当的分割方式一方面需要在双方当事人间达成利益平衡，另一方面还需尽量减少对公司本身及相关第三人利益的影响。我国公司形式主要分为有限责任公司和股份有限公司两种，根据其人合性、资合性的不同特点，分割原则也有所区别。

对不同情形下股权共有、分割的研究，有助于深入理解夫妻共同财产分配的原则，妥善处理夫妻关系破裂对社会外界产生的影响。

一、股权作为夫妻共同财产的认定

经典案例

杨某某诉被告章某某离婚纠纷案

［基本案情］

原告（杨某某）、被告（章某某）于××××年×月×

经典案例

判决书原文

日登记结婚，××××年×月×日生育儿子杨某。原、被告婚后感情尚可，2008年起，原、被告因家庭琐事开始发生吵打，导致夫妻产生矛盾。2009年4月，原、被告开始分居。原告认为原、被告夫妻关系已经破裂，故向法院起诉要求与被告离婚。

法院查明2006年4月10日，原、被告及其儿子杨某共同出资，创办株洲某表面处理有限公司，法定代表人为章某某，注册资本为200 000元。其中，章某某80 000元，杨某某60 000元，杨某60 000元。

原被告对公司股权的分割产生争议。被告认为原、被告不存在对公司股份的分割，在工商登记已经有了份额，原告出资6万元，被告出资8万元，杨某出资6万元；关于小孩杨某，杨某已经成年，享有完全的民事行为能力，原、被告离婚不得损害杨某的利益。

[法律问题]

涉案股权是否已经属于夫妻约定分割完毕，不再属于夫妻共同财产？

[参考结论与法理精析]

（一）法院意见

对于原告要求分割株洲某表面处理有限公司财产的主张，因该公司系有限责任公司、独立法人，且其股东不但有原、被告，还有原、被告之子杨某，本案系原、被告的离婚诉讼，不能对案外法人的公司财产进行分割，只能对原、被告所持有的公司股份进行分割，虽然在公司工商登记中，对原、被告所持有的公司股份进行了分配，但双方并未约定公司的股权为个人财产，且公司的设立是在夫妻关系存续期间，因此，本院认为原、被告双方享有的公司股份应作为夫妻共同财产平均分配，被告认为工商登记是原、被告关于夫妻共同财产的约定的主张，本院不予采信。

（二）股权作为夫妻共同财产的特殊性

股权与房产，是在当代社会中最为常见的家庭重要财产。在离婚财产分割中，房产的分割难点往往在于购房出资款的多元化产生的计算复杂。

而对于是否认定某项股权为夫妻共同财产，最为重要的裁判依据是取得股权的时间，即通常推定婚前取得的为个人财产，婚后取得的为共同财产。关于这一点，股权与作为夫妻共同财产的其他财产并无本质的区别。

股权在婚姻家事案件中最大的特殊之处，是如何平衡有限责任公司的人合性与股权的夫妻共同财产性质，这体现在两个方面：①在夫妻关系存续期间，非登记股东一方能否请求确认其共有的股东身份并登记成为股东？②股权因夫妻离婚而分割的，是否是共有的分割，还是视为出售因而其他股东获得优先购买权？

对于第一个问题，现行立法并未有明确的态度。但是从《公司法》的角度看，即使是股权的共有人之一，未登记股东从来不是真正的股东。因此，配偶一方在共有股权的情况下，共有的是股权的利益，而不是股东身份，后者具有强烈的人身性。

对于第二个问题，现行的司法解释中视为"出售"，因此其他股东拥有优先购买权。还是强调了股东身份的人身性，强调了有限责任公司的人合性。

股权作为财产权与社员权合体的权利，确实具有相当的特殊性。在立法者尚未提供明确的立法态度之前，司法解释与司法实践走在了理论与立法之前，旗帜鲜明地明确了股东权益与股东身份的分离，在《婚姻法》强调夫妻共有与《公司法》强调股东身份人合性的或有冲突中，选择了后者之优先。但是在赋予非登记股东的共有人配偶权利方面，显然是不够平衡。这值得理论界与实务界的进一步研究与探讨。

➡️ 拓展案例

葛某与李某离婚后财产纠纷案

[基本案情]

原告葛某与被告李某原系夫妻关系，于1999年2月登记结婚。2003年6月20日，李某与其母亲李某乙共同成立某公司，李某出资400 000元，占公司全部股权的80%。2004年10月20日，某公司出具"资金明细表"及"公司利润分配清单"，其中记载，某公司自成立至2004年10月20日，公司未分配利润为491 171.48元，该数额与某公司提交给莱芜市国税局钢城分局的公司会计报表一致，其记载的分配情况是：未分配利润扣除企业所得税162 086.58元，扣除应付李某甲181 146.92元，李某应分配利润为116 633.49元，但某公司的利润分配并未在公司会计报表中予以体现，被告李某亦未提交某公司缴纳企业所得税证明及付过李某甲款项的相关证明。同日，被告李某还与李某甲签订"协议"一份，被告李某用某公司的股金及未分配利润将欠李某甲的欠款及利息进行了折抵。2004年10月21日，某公司召开股东会，会上同意李某将其在某公司全部股权依法转让给李某甲，同日双方签订《股权转让协议》并在莱芜市工商行政管理部门办理股东变更登记。被告李某及其代理人李某甲自认，自股权转让后，李某退出某公司的经营。

2005年底，本院受理李某与葛某离婚纠纷一案。2006年1月24日，本院作出（2005）钢民初字第1102号民事判决书，判决双方离婚，葛某提出的要求分割李某在某公司400 000元股权及未分配利润的诉讼请求未得到法院的支持，但该判决认为，李某在某公司的股权不应视为李某个人出资，此应为葛某与李某的夫妻共同财产。

[法律问题]

未分配利润，是否应该是离婚之时夫妻共同财产请求分割的对象？

[重点提示]

对于夫妻之一方持股的情形，判断其持股是属于个人财产还是共同财产，主要的判断标准是股权获得的时间及出资入股的财产来源是否属于夫妻共同财产。在请求分割出资额之时，对于出资额对应的未分配利润，是否应该视为"投资收益"？未分配利润在分配之前是否属于公司财产而不是股东利益？

二、有限责任公司股权分割规则

➡ 经典案例

章某与陈某甲离婚后财产纠纷案

[基本案情]

2008 年 7 月 16 日，一审原告章某诉至常州市钟楼区人民法院称：其与陈某甲系夫妻，双方于 2005 年 3 月 17 日协议离婚，但没有对夫妻共同财产进行分割。此后，陈某甲隐瞒婚内夫妻共同财产，串通他人伪造债务，蓄意侵吞章某的合法财产。请求依法判决陈某甲名下夫妻共同财产常州银鼎担保有限公司（以下简称银鼎公司）53.57% 的股权以及陈某甲隐藏的婚内财产 2 套商住房等价值约 500 万元的财产归章某所有。2010 年 1 月 13 日，章某提出关于明确诉讼标的的报告，暂时明确标的为股权 2800 万元……2010 年 2 月 1日，章某提交书面申请变更诉讼标的及说明一份，将诉讼请求变更为要求分割陈某甲在银鼎公司 100% 的股权（出资额 2800 万元，诉讼期间该公司资产已严重流失）现值约计 450

经典案例
判决书原文

万元……

一审被告陈某甲辩称：①关于股权分割。其同意将银鼎公司的股权按照450万元的价值分割，考虑到有限公司的人合性，请求将该公司股权折价款的一半判归章某。……

再审中，章某坚持要求分割股权份额，不同意折价归并，也不同意评估股权价值，不同意退还按原审判决已得到的股权折价补偿款，而陈某甲又不同意分割股权份额。

[法律问题]

1. 该案中，对于股权部分应如何分割？
2. 分割时应考虑哪些主体的利益？

[参考结论与法理精析]

（一）法院意见

常州市钟楼区人民法院认为：对于陈某甲在银鼎公司占有的股权，章某可以申请分割。鉴于陈某甲有虚假借款的行为，可以适当将股权多分给章某。考虑股权的人合因素，以判决金钱方式支付为宜。章某、陈某甲商定陈某甲在银鼎公司的股权现值为450万元，按照照顾妇女合法权益的原则，考虑陈某甲伪造债务的情况，该院确定银鼎公司陈某甲名下的股权归陈某甲所有，其应向章某支付银鼎公司股权款350万元。

再审中，该院征询其他股东意见，其他股东表示他们名下的股权均为他们所有，资金来源系他们的积蓄，坚决不同意章某分割他们名下的股权。

关于章某与陈某甲婚姻关系存续期间陈某甲在银鼎公司的股权，依照《最高人民法院关于适用〈中华人民共和国婚姻法〉若干问题的解释（二）》（以下简称《婚姻法司法解释二》）第16条的规定，直接分割股权的前提是夫妻双方就一方在有限责任公司的出资分割问题协商一致，如果夫妻本身对其共同财产中在有限责任公司的出资分割问题无法达成共识，则不适用直接分割股权。考虑到公司的人合性，人民法院可以判决股权归出资一方所有，另一方可以取得相应的折价补偿。通常应在公平原则的基础上，由专业机构对公司的财产状况和财务状况进行综合评估，按照股权的实际价值决定对股东的配偶进行补偿的数额。一审中，双方对该股权的价值经协商曾达成一致，一审判决鉴于当事人的合意、有限公司的人合因素、公司的经营管理状况等，将陈某甲名下的股权折价归并，折价补偿金额也充分照顾了章某的权益，故一审此项判决并无不当。故再审中章某要求分割股权的请求缺乏相应的事实与法律基础，且一审对该问题的处理并不违背法律规定，为避免讼累，及时解决纷争，再审依法予以维持。

（二）有限责任公司股权分割方法

夫妻双方或者一方在婚姻关系存续期间以共同财产投资购买的股权以及继受股权，应属于夫妻共同财产，离婚时需对股权部分进行分割，对于有限公司来说，股权不仅具有资合性，还具有人合性，在涉及夫妻双方利益的同时，还可能影响到公司其他股东的利益。因此，在分割股权时，这一复合型财产与一般夫妻共同财产的分割方式、原则有所不同。

诉讼中有的当事人请求获得股权的价值补偿，也有的直接要求股权的份额采直接分割方式。在当事人无法协商一致的情况，法官往往会考虑夫妻参与经营的情况下、其他股东的意愿等，根据具体情况进行裁判：

首先要考虑夫妻双方在离婚之前是否都直接参与了公司的经营。若夫妻双方都参与经营的，则公司原有的"人合性、封闭性"并未被打破，在其他股东未行使优先购买权的情况下，可以采取切分股权份额的方式。若是夫妻仅一方参与经营且该方为登记股东，另一方不参与经营的，则应当采取补偿股权份额的方式进行分割。如果原本为一人公司，离异后原则上也不应该采用切分股权份额的方式；因为让 2 位已经离异并且对股权分割无法协商一致的人成为具有人合性的公司股东，将有损公司的利益。

有观点认为：在夫妻双方无法就股权分割达成一致的情况下，只要非股东配偶主张获得股权，那么股东配偶不得反对并提出以补偿款的方式进行分割，其原因在于夫妻间共有的是股权，而不是股权中财产性权利所代表的价值利益。[1]此类观点也是值得商榷的：因为如果股东配偶不反对，那么离婚后前配偶将成为有限责任公司的股东，这种前配偶关系对人合性的公司并无好处。因此，本书作者的观点是：以赋予股东配偶一项反对并予以补偿的选择权为宜。

➡ 拓展案例

上诉人邱某与被上诉人桂某某离婚后财产纠纷案

[基本案情]

拓展案例
判决书原文

原告邱某与被告桂某某于 1991 年 2 月 6 日登记结婚。后双方于 2007 年 11 月 15 日在马村区人民法院协议离婚，协议约定：①原告桂某某与被告邱某自愿离婚；②婚生女桂某甲由被告邱某抚养，并承担抚养费；婚生子桂某乙由原告桂某某抚养，并承担抚养费。桂某某对婚生女桂某甲及被告邱某对婚生子桂某乙每月均享有两次探视权；③原、被告夫妻共同财产，位于焦作市解放东路天赐良缘 c 区 2 单元 2 楼 -001 号住房一套归被告邱某所有；④原、被告无其他争执。另查明，2005～2007 年，被告所在单位焦煤集团承诺为单位部分人员分配期权，2007 年 1 月 1 日，被告所分配的期权第一次转股，转股金额为 15 330 元。2008 年 1 月 1 日，

---

〔1〕 陈川："夫妻一方名下有限责任公司股权分割问题探析"，载《法制博览》2015 年第 3 期。

第二次转股，转股金额为 19 070 元。2011 年 1 月 1 日，第三次转股，转股金额为 139 618 元。三期转股合计 174 018 元，分红 9.4%，金额 16 362 元，发放存单金额 190 380 元。原告认为被告故意隐瞒了夫妻关系存续期间被告在单位购得的期股，故诉至法院要求分割。

一审法院认为，本案所涉期权是否应认定为夫妻共同财产，需要结合对期权性质的分析予以确认。桂某某单位于 2005 年至 2007 年为单位部分人员分配期权，是单位对于职工的一种激励机制。期权的本质是一种权利或资格。被告单位所分配的期权与市场上的期权有所不同，因被告所在单位给其分配期权时没有发放任何书面材料，也没有约定行权日和兑现日，导致这种期权具有极大的不确定性，与其依附于单位的劳动人身关系有着直接利害关系，因此不应认定为夫妻共同财产。2007 年 1 月 1 日，在双方婚姻存续期间，被告单位期权进行了第一次转股，金额为 15 330 元，此时该期权转化为股份，具备了成为夫妻共同财产的性质。

一审后，当事人提起了上诉。

[法律问题]

本案中，期权是否属于夫妻共同财产？

[重点提示]

期权是一种激励机制，与被授予人的身份、工作能力、工作年限、工作业绩等密切相关。期权获得之后，是否行权具有一定的不确定性，因此其价值也具有不确定性。但是期权一旦行权，即可转变为股权，具有相当的确定性。

此外，期权往往与劳动相关，而根据《婚姻法》的规定，劳动所得为夫妻共同财产。因此，在考虑期权的财产归属之时，也应当考虑到这一属性。

第五章　夫妻共同债务

✒ 知识概要

《婚姻法》第41条规定："离婚时，原为夫妻共同生活所负的债务，应当共同偿还。共同财产不足清偿的，或财产归各自所有的，由双方协议清偿；协议不成的，由人民法院判决。"由此可见，夫妻共同债务是指夫妻双方在婚姻关系存续期间，夫妻一方或双方出于共同生活目的所负的债务。这个定义概括了共同债务的特性，具有高度的抽象性，在指导具体案件、解决具体问题时，认定标准还需具体分析。

夫妻共同债务属于连带债务，任何一方都有义务归还全部欠款，内部约定、追偿或法院判决都不影响对外效力。与夫妻共同财产相同，共同债务可理解为消极财产，也需按照产生时间、方式等因素判断其性质。

一、夫妻共同债务认定标准

➡ 经典案例

黄某上诉董某、徐某某民间借贷纠纷案

[基本案情]

徐某某原系江苏阜宁农村商业银行股份有限公司新区支行行长。董某、徐某某原系夫妻关系，双方于2012年4月6日登记离婚。2011年9月2日至2012年4月12日期间，徐

经典案例
判决书原文

某某向黄某借款共计 500 万元并于 2012 年 4 月 12 日出具 4 张共计 500 万元的借条，声明之前的借条一律作废。2014 年 4 月 23 日，因徐某某未能按约还款，黄某以徐某某、董某为被告向江苏省盐城市中级人民法院提起本案诉讼。请求判决徐某某、董某共同归还借款人民币 500 万元，以及承担从 2012 年 4 月 12 日起按月息 2.5% 计算的利息。

徐某某一审辩称：500 万元借款是事实，但该款项并非是徐某某自己以及家庭所用，是为了给案外人徐某乙资金"过桥"所用，不是夫妻共同债务，徐某某个人愿意承担还款责任。

董某一审辩称：①徐某某向黄某借款是为江苏康弘保健品有限公司法定代表人徐某乙欠银行到期贷款作"过桥"所用，对徐某某借款的用途，黄某当时是明知的，但董某当时对此事一概不知。②董某、徐某某于 2012 年 4 月 6 日离婚，如果黄某诉称的借款时间及数额属实，其债务仅能认定为徐某某个人债务，董某不应承担责任。

原审法院认为，虽然涉案 500 万元借款系在徐某某与董某夫妻关系存续期间发生，但 500 万元的借款属于巨额借款，且在短短半年左右时间内陆续发生，已远超夫妻一般家庭正常生活所需。黄某虽称该 500 万元借款系徐某某用于家庭"三产"经营，但未能提供涉案 500 万元借款出借期间，徐某某及董某从事有关家庭生产经营以及该 500 万元款项用于家庭生产经营的证据。徐某某、董某离婚前均在银行工作，双方均有稳定且不菲的收入来源，足以满足一般日常生活所需。因此，徐某某、董某关于涉案 500 万元借款用于无偿替他人银行贷款资金"过桥"的辩解更符合本案的实际情况，也提供了相关证据予以佐证。黄某对于出借如此高额的款项应当尽到审慎的注意义务，在其未能举证证明涉案借款用途与徐某某、董某夫妻共同生活或经营行为存在关联性的情形下，涉案 500 万元借款不应认定为夫妻共同债务。

黄某不服原判决，提起了上诉。

[法律问题]

1. 董某是否可以不知情为抗辩理由？

2. 第三人是否知晓借款性质对夫妻共同债务认定是否有影响？

[参考结论与法理精析]

（一）法院意见

二审法院认为：合法的借贷关系应受到法律保护。一审中，徐某某对黄某主张向其出借 500 万元借款事实无异议，黄某亦向一审法院提供了 500 万元款项实际出借的借贷合意及相关银行取款、付款凭证。徐某某、董某并未对黄某实际向徐某某出借 500 万元的事实提出上诉，故二审对此予以维持。

关于涉案债务是否属徐某某、董某婚姻存续期间的夫妻共同债务的问题。二审法院认为，根据《婚姻法司法解释二》第 24 条，债权人就婚姻关系存续期间夫妻一方以个人名义所负债务主张权利的，应当按夫妻共同债务处理，但存在下列情形之一的除外：①夫妻一方能够证明债权人与债务人明确约定为个人债务的；②夫妻一方能够证明债权人知道或者应当知道夫妻对婚姻关系存续期间所得财产约定归各自所有的。本案中，董某无证据证明存在上述例外情形。

对于董某认为黄某出借款项时明知涉案款项作为徐某乙"过桥"使用而非家庭共同生活所用，且徐某某并未获利，故不应认定为夫妻共同债务的问题。法院认为：董某提供的证据不足以证明徐某某在涉案借款中并未获利。综上，涉案借款应认定为徐某某、董某夫妻关系存续期间的夫妻共同债务，黄某的上诉理由成立，二审法院予以支持。

（二）夫妻共同债务判定标准

最高人民法院曾指出："将夫妻一方在婚姻关系存续期

间以个人名义所负的债务推定为夫妻共同债务，既能够减轻财产交易的成本，便于及时、合理地解决纠纷，又符合日常家事代理的基本法理。"

《婚姻法》第41条、《婚姻法司法解释二》第24条、《最高人民法院关于人民法院审理离婚案件处理财产分割问题的若干具体意见》第17条均对夫妻共同债务和个人债务作了规定，依上述法律和司法解释的规定和区分标准来分析，通常情况下，下列债务一般应认定为夫妻共同债务：①双方或一方为家庭共同生活所负的债务，如购置共同生活用品的债务，购买装修共同居住的房屋所负的债务，一方或双方所欠下的医疗费用等；②一方或双方为履行法定的抚养、赡养、扶养义务所负的债务；③为一方或双方及未成年子女的教育培训所负的债务；④一方或双方从事生产经营所负的债务；⑤双方约定为共同债务的债务。下列债务一般应认定为夫妻个人债务：①一方或双方结婚之前的债务；②一方未经对方同意，擅自资助与其没有法定抚养义务的人所负的债务；③一方未经对方同意，独自筹资从事生产经营活动，其收入确未用于家庭共同生活所负的债务；④遗嘱或赠与合同中确定只归一方所有的财产，为履行附随于这些财产上的义务所负的债务；⑤双方约定由个人负担的债务，但以逃避债务为目的的除外；⑥一方因个人不合理开支所负的债务，如赌博所欠的债务；⑦其他依法应由个人承担的债务，如违法犯罪所产生的债务。[1]

《婚姻法司法解释二》第24条的规定，将举证责任限定在债务人一方，具有相当的合理性。但是在抗辩理由方面却大大限缩了现行立法"共同生活"的范畴，转化成"对方即出借方知悉借入方夫妻为个人财产制"作为唯一的抗辩理由。而法院在适用该条规定时，忽视了其他的立法与司法解

---

〔1〕浦纯钰："夫妻共同债务的认定"，载《社会科学家》2010年第12期。

释的规定，成为极具争议的条款。

拓展案例

潘某与靖江市润元农村小额贷款有限公司（以下简称润元公司）、陆某、江苏天盛工程设备制造有限公司（以下简称天盛公司）借款合同纠纷案

［基本案情］

潘某申请再审称：①二审判决认定陆某与润元公司签订的靖润农贷高借字（2010）第 12103－21 号《最高额借款合同》有效是错误的，陆某个人向润元公司的借款行为已被刑事判决认定构成骗取贷款罪；②二审判决未将案涉债务认定为陆某的个人债务有误：陆某的借款用途是为了其以江苏省第一建筑安装有限公司名义承建的靖江市行政中心工程之用，而非用于家庭共同经营或家庭共同生活；根据潘某与陆某于 2008 年 4 月 18 日签订的《财产协议》的约定，双方对夫妻关系存续期间债务责任自担，陆某个人向润元公司借款时，已向润元公司经办人陈某和有关负责人作了有关其夫妻财产的约定的说明；潘某此前不知陆某个人向润元公司借款的事实，也未曾参与陆某与润元公司办理借款时所需的任何手续，润元公司亦从未就此通知、函告或征询过潘某的意见或主张过权利；潘某不应对陆某个人涉嫌犯罪行为造成的损失承担民事责任。

［法律问题］

本案中，陆某骗取贷款所负债务是否应认定为夫妻共同债务？

[重点提示]

是否基于犯罪所得不能简单地以行为人是否有犯罪行为判定，而应以该债务产生原因是否为家庭所用判定。如本案中，虽然并非直接用于家庭共同生活用，但用于家庭成员的事业，而事业所获的盈利将成为夫妻共同财产。从这个角度出发，配偶一方不知情并不是否定为共同债务的充分条件；犯罪与否也应当根据实际情况进行区分，最高院司法解释明确规定了"赌博、吸毒"等非法债务不得认定为夫妻共同债务，但并未排除所有的犯罪相关债务。

二、共同债务的推定规则与举证责任分配

➡️ 经典案例

赵某诉项某某、何某某民间借贷纠纷案[1]

[基本案情]

原告赵某与被告项某某系朋友关系，两被告系夫妻关系，于2005年9月20日登记结婚。项某某向原告出具落款日期为2007年7月20日的《借条》一张，载明："今我项某某向赵某借人民币200 000元正（贰拾万元正），于2009年7月20日前归还，利息按5%计算。"落款处由项某某以借款人身份签名。后原告书写一份《催款通知单》，落款日期为2009年7月23日。项某某在该份《催款通知单》上加注恳求延长2年。此后，原告再次书写一份《催款通知单》，落款日期为2011年7月27日。项某某则在该份《催款通知单》上加注同前，并签署其姓名。

被告何某某辩称：首先，原告赵某主张的借款事实不存在。二被告在2007年期间自有资金非常充裕，无举债之必要；其次，何某某对原告主张的借款始终不知情。二被告于

---

〔1〕 载《最高人民法院公报》2014年第12期。

2009 年 6 月 18 日签订协议书，约定对外债务任何一方不确认则不成立。故该笔借款即使存在，也应当是项某某的个人债务；再次，二被告于 2005 年 9 月 20 日结婚，2010 年 7 月开始分居。何某某曾分别于 2010 年 8 月 25 日、2011 年 5 月 12 日向法院提起离婚诉讼。在这 2 次诉讼中，项某某均未提及本案借款。

法院查明：2009 年 6 月 18 日，二被告签署《协议书》一份，确认双方生意经营、房产状况、房屋贷款等事宜，未涉及本案系争借款。双方同时约定"其他债务事宜，双方任何一方不确认则不成立"。2010 年 7 月，二被告开始分居。2010 年 9 月 28 日、2011 年 6 月 1 日，何某某分别起诉至上海市长宁区人民法院，要求与项某某离婚。上述两案诉讼过程中，项某某均未提及本案系争借款，后该 2 次离婚诉讼均经调解不予离婚。

[法律问题]

原告赵某与被告项某某之间的借贷关系应由谁举证？

[参考结论与法理精析]

（一）法院意见

根据民事诉讼证据规则，在合同纠纷案件中，主张合同关系成立并生效的一方当事人对合同订立和生效的事实承担举证责任。同时，根据《合同法》的规定，自然人之间的借款合同，自贷款人提供借款时生效。故原告赵某主张其与被告项某某之间存在有效的借款合同关系，其应就双方之间存在借款的合意以及涉案借款已实际交付的事实承担举证责任。现原告提供《借条》意在证明其与项某某之间存在借款的合意。关于借款交付，其主张因其无使用银行卡的习惯，故家中常年放置大量现金，200 000 元系以现金形式一次性交付给项某某。对于原告的上述主张，被告项某某均表示认可，并称其收到借款后同样以现金形式存放，并于 2007 年 8 月 2 日以其中的 10 万元提前归还房屋贷款。被告何某某则明确否认涉案借款的真实性。

1. 本案中，原告赵某在本案中虽表示向被告项某某主张还款，但项某某辩称涉案借款用于二被告夫妻共同生活，应由二被告共同偿还。事实上，经法院调查，在二被告的第三次离婚诉讼中，项某某也始终未将本案借款作为夫妻共同债务要求何某某承担相应的还款责任。基于本案处理结果与何某某有法律上的利害关系，法院依法将其追加为第三人参加诉讼。后因项某某的上述抗辩，原告申请追加何某某为被告。在此过程中，原告及项某某一再反对何某某参加本案诉讼，不仅缺乏法律依据，亦有违常理。何某某作为本案被告以及利害关系人，当然有权就系争借款陈述意见并提出抗辩主张。

2. 基于二被告目前的婚姻状况以及利益冲突，被告项某某对系争借款的认可，显然亦不能当然地产生二被告自认债务的法律效果。并且，项某某称其于 2007 年 8 月 2 日用涉案借款中的 100 000 元提前归还房贷。然而，经法院依职权调查，项某某银行交易纪录却显示当天有 100 000 元存款从其名下银行账户支取，与其归还的银行贷款在时间、金额上具有对应性。此外，项某某银行账户在同期存有十余万元存款，其购房银行贷款也享有利率的 7 折优惠，再以 5% 的年利率向他人借款用以冲抵该银行贷款，缺乏必要性和合理性。本案于 2013 年 3 月 7 日开庭时，项某某经法院合法传唤明确表示拒绝到庭。上述事实和行为足以对项某某相关陈述的真实性产生怀疑。故基于以上原因，原告赵某仍需就其与项某某之间借贷关系成立并生效的事实，承担相应的举证义务。

3. 原告赵某自述其名下有多套房产，且从事经营活动，故其具有相应的现金出借能力。但其亦表示向被告项某某出借 200 000 元时，其本人因购房负担着巨额银行贷款。为此，法院给予原告合理的举证期限，要求其提供相应的证据证明其资产状况和现金出借能力，并释明逾期举证的法律后果。嗣后，原告明确表示拒绝提供相应的证据。法院认为，原告明确表示放弃继续举证权利，而其提供的现有证据亦并未能证明涉案借款的交付事实以及原告本人的资金出借能力，其陈述的借款过程亦不符合常理，故应承担举证不能的法律后果。

（二）夫妻共同债务的证明内容与举证责任

夫妻共同债务的证明内容，主要包括：①债务存在的真实性；②债务是否属于夫妻共同债务。

对于债务存在的真实性的证明责任在债权人一方。夫妻一方具有和第三人恶意串通、通过虚假诉讼虚构婚内债务嫌疑的，该夫妻一方单方自认债务，并不必然免除"出借人"对借贷关系成立并生效的事实应承担的举证责任，否则将易使夫妻另一方无端承担债务。出借人仅提供借据佐证借贷关系的，应深入调查辅助性事实以判断借贷合意的真实性，如举债的必要性、款项用途的合理性等。出借人无法提供证据证明借款交付事实的，应综合考虑出借人的经济状况、资金来源、交付方式、在场见证人等因素判断当事人陈述的可信度。对于大额借款仅有借据而无任何交付凭证、当事人陈述有重大疑点或矛盾之处的，应依据证据规则认定"出借人"未完成举证义务，判决驳回其诉讼请求。

在证明债务为夫妻共同债务时，根据《婚姻法司法解释二》第 24 条，原则上视为夫妻共同债务，由主张个人债务一方承担举证责任，仅存在 2 种例外情况：对当事人来说举证难度较大；司法实践中当事人鲜有能力举证非用于家庭生活或另有约定。对此，最高人民法院吴晓芳法官认为，《婚姻法司法解释二》第 24 条规定适用的前提条件应当是符合夫妻共同债务的性质，而不是任何性质的债务都可以作为夫妻共同债务处理，否则，夫妻一方的恶意举债、非法债务或者与第三人串通虚构的债务，都可能会被认定为夫妻共同债务。该观点强调只有当债务已满足夫妻共同债务条件时，才需另一方举证反驳，而非一概以夫妻共同债务论。

2017 年，最高人民法院出台了《最高人民法院关于适用〈中华人民共和国婚姻法〉若干问题的解释（二）的补充规定》（2017 年 2 月 20 日最高人民法院审判委员会第 1710 次会议审议通过，自 2017 年 3 月 1 日起施行），即在《最高人民法院关于适用〈中华人民共和国婚姻法〉若干问题的解释（二）》第 24 条的基础上增加 2 款，分别作为该条第 2 款和第 3 款：

"夫妻一方与第三人串通，虚构债务，第三人主张权利的，人民法院不予支持。

夫妻一方在从事赌博、吸毒等违法犯罪活动中所负债务，第三人主张权利的，人民法院不予支持。"

此项补充规定就是名副其实的"补充规定"，只是对"与第三人串通虚构债务""赌博、吸毒等犯罪活动中所负债务"这些极端情形进行了特别规定，并未解决通常的负债（例如民间借贷）问题，也未改变举证责任的分配。

➡ 拓展案例

夏某甲诉夏某乙、任某某民间借贷纠纷案

［基本案情］

夏某甲诉称：原、被告是亲戚关系，夏某乙因做生意资金周转于 2012 年 6 月 23 日从夏某甲处借款 2 万元，并写下借条一张，约定月息 1%。二被告是夫妻关系，后夏某甲一直催要，二被告均拖延不还，遂起诉至法院，请求依法判令二被告连带偿还夏某甲借款 2 万元及利息，息随本清；诉讼费由被告承担。

拓展案例
判决书原文

夏某乙辩称：①借款是事实，借条是夏某乙出具的；②借款2万元是任某某借的，任某某在家中跟夏某乙说让夏某乙出具借条给夏某甲，是先出具借条后借款的；③夏某乙与任某某婚姻关系存续期间，任某某已将财产变卖，把钱也带走了。

任某某辩称：①2012年夏某乙与任某某已经分居，对夏某乙借款并不知情；②借款不是用于家庭生活，任某某对该笔债务不承担偿还责任。

经审理查明，2012年6月23日夏某乙向夏某甲出具借条一张，载明："借条，今借到夏某甲人民币贰万元整（￥20 000.00），此据是实，借款人，夏某乙（注：月利息壹分），2012年6月23日。"双方在借条上未约定还款期限，后经夏某甲催要夏某乙至今没有归还此款，故夏某甲起诉至本院。

另查，本案借款发生在夏某乙与任某某夫妻关系存续期间，当时双方已经分居。无为县人民法院（2014）无民一初字第01009号民事判决书判决准予夏某乙与任某某离婚，且该判决书于2014年6月27日已经生效。

[法律问题]

分居状态是否就足以推定未用于共同生活？

[重点提示]

我国《婚姻法》并未将分居作为一种制度进行体系化的规定，只是规定了分居长达2年成为"夫妻感情破裂"的推定性证据之一。对于"分居"的认定标准并无规定，对于"分居"的法律后果即是否"阻却夫妻共同生活"，特别是对夫妻财产制度（包括共同财产的取得与共同债务的推定）是否产生实质性影响，并没有明确的规定。

从另一方面看，抛开可能假分居的情形，通常分居之时，夫妻之间的"一体性"实质上已经消灭，配偶一方对另一方的行为客观上难以知晓，通常也未能直接受益。这也是一个需要客观考量的因素。

第六章　未成年子女直接抚养权

知识概要

未成年子女直接抚养权的判断，涉及诸多因素。其中最为核心的原则是"子女利益最佳原则"，以保护在离婚中弱势的且最为被动的子女方。同时，子女直接抚养权的纠纷往往还涉及双方综合实力的比较，不仅包含直接的经济实力，还包含诸多有助于未成年子女成长的"软实力"。

非婚生子女或非自然生育子女的地位似乎更为弱势，大量的非婚生子女的存在，使得这成为一个不能被法律所忽视的问题。此外，在先进科技帮助下，已有大量人工授精、代孕的成功案例，为千万家庭实现了"子女梦"，而由此产生的伦理、法律问题也不期而至。

哪些因素涉及"子女利益最佳"，如何确保离婚子女受到足够的保护，尤其是特殊情况下子女的权益保护，值得思考。

一、子女利益最佳原则

经典案例

李某娥诉罗某超离婚纠纷案[1]

[基本案情]

原告李某娥、被告罗某超于 1994 年 1 月 17 日登记结

---

〔1〕 载《最高人民法院公报》2015 年第 2 期。

婚，1994 年 8 月 7 日生育女儿罗某蔚，2002 年 6 月 27 日生育儿子罗某海。双方婚后感情尚可，自 2003 年开始，因罗某超经常酗酒引起矛盾。2011 年起，罗某超酗酒严重，经常酒后施暴。女儿罗某蔚在日记中记录了罗某超多次酒后打骂李某娥母子三人的经过。2012 年 1 月 5 日，李某娥第一次起诉离婚。因罗某超提出双方登记离婚，李某娥申请撤诉。但之后罗某超反悔，酗酒和施暴更加频繁。2012 年 7 月 30 日，罗某超酒后扬言要杀死全家。李某娥母子反锁房门在卧室躲避，罗某超踢烂房门后殴打李某娥，子女在劝阻中也被殴打，李某娥当晚 2 次报警。2012 年 8 月底，为躲避殴打，李某娥带子女在外租房居住，与罗某超分居。2012 年 9 月 21日，李某娥再次起诉离婚并请求由自己抚养一双子女。罗某超答辩称双方感情好，不承认自己酗酒及实施家庭暴力，不同意离婚，也不同意由李某娥抚养子女。

[法律问题]

1. 本案中，子女应由谁直接抚养更符合子女利益最佳原则？

2. 哪些因素导致夫妻一方不适宜抚养子女？

[参考结论与法理精析]

（一）法院意见

法院经审理认为，罗某超长期酗酒，多次酒后实施家庭暴力。子女罗某蔚、罗某海数次目睹父亲殴打母亲，也曾直接遭受殴打，这都给他们身心造成严重伤害，同时也可能造成家庭暴力的代际传递。为避免罗某蔚、罗某海继续生活在暴力环境中，应由李某娥抚养 2 个子女，罗某超依法支付抚养费。遂判决准许李某娥与罗某超离婚，子女罗某蔚、罗某海由李某娥抚养，罗某超每月支付抚养费共计 900 元。罗某超可于每月第一个星期日探视子女，探视前 12 小时内及探视期间不得饮酒，否则视为放弃该次探视权利，李某娥及子女可拒绝探视。一审宣判后，双方均未提起上诉。

（二）子女利益最佳原则具体体现

1959 年联合国大会颁布的《儿童权利宣言》首次提出了"儿童的最大利益"。宣言中透出，儿童在其身体、智力、道德、社会适应能力等方面的健康发展中的权利应该受到特别保护，制定相关法律要以儿童的最大利益为首要考虑。[1]

要保证儿童利益最佳，需满足两个条件：一是儿童利益最大化；二是儿童利益优先考虑。这样才能全面保障未成年子女利益，尤其是在离婚的情形中，未成年子女处于弱势且被动，更需予以关注。

首先，现行立法对未成年子女根据年龄划分为 3 个类别：不满 2 周岁；2 周岁到 10 周岁；10 周岁以上。根据不同年龄，需要区别不同因素对子女的成长影响，如 2 周岁以下婴儿对母亲的生理、心理依赖占绝对优势，因此，优先考虑母亲为直接抚养人。10 周岁以上子女的意愿对抚养权的确定可产生一定的影响。其次，需考虑父母双方的综合条件，例如，经济实力，以保证子女舒适地生活，接受良好教育；身体状况、受教育程度，保证具有抚养子女的能力与意愿；与子女感情，以确保子女心理健康，与一方父母生活习惯一致；不改变原有相处环境，某些夫妻离婚前就已分居，子女随一方生活，不改变原有住所，方便子女居住与就学，减少因父母离婚产生的影响。

---

〔1〕 王雪梅："儿童权利保护的'最大利益原则'研究（上）"，载《环球法律评论》2002 年第 4 期。《儿童权利宣言》原则二规定："儿童应受到特别保护，并应通过法律和其他方面而获得各种机会与便利，使其能在健康而正常的状态和自由与尊严的条件下，得到身体、心智、道德、精神和社会等方面的发展，在为此目的而制定法律时，应以儿童的最大利益为首要考虑。"

拓展案例

唐某甲上诉吴某离婚纠纷案

拓展案例
判决书原文

[基本案情]

唐某甲、吴某于 2012 年 12 月通过婚恋网站相识，于××××年××月××日登记结婚。××××年××月××日，双方生育儿子唐某乙。2014 年 8 月 28 日至 2015 年 8 月 22 日，唐某甲出国学习，唐某乙随吴某生活。2015 年 9 月 1 日，吴某攻读博士课程。考虑到学业负担问题，从 2015 年 9 月 1 日起，吴某将儿子交由唐某甲父母照管。2015 年国庆节，吴某将儿子接回生活了一周。2016 年元旦，吴某又将儿子接回生活了一周。2016 年 2 月 2 日，吴某的博士课程结束。至一审开庭时止，唐某乙实际由唐某甲父母照管。2016 年 3 月 22 日，唐某甲诉至一审法院要求离婚。审理中，唐某甲表示包括奖金在内的月收入为 7000 元，吴某同意以月收入 7000 元作为唐某甲应承担抚养费的计算基数。吴某表示其月收入为 8000 元，唐某甲同意以月收入 8000 元作为吴某应承担抚养费的计算基数。

唐某甲为南京大学气象学理科博士。吴某为南京医科大学医学硕士，博士在读。

[法律问题]

孙子女的祖父母、外祖父母的抚养是否可等同于其父母一方尽了抚养义务？

[重点提示]

虽然父母是直接抚养人，但现代社会的就业情况不允许父或母亲自、完全照顾孩子。因此，由祖父母或者外祖父母协助照顾，为学龄前未成年人的生活常态。据此，在评估父或母的直接抚养能力，既要考虑其职业性质、身体状况，也要考虑其亲属协助照顾的能力。

二、非婚生子女直接抚养权

经典案例

陈某与汪某甲同居关系子女抚养纠纷案

经典案例
判决书原文

[**基本案情**]

陈某与汪某甲于 2011 年在互联网上相识后自由恋爱，×××年××月××日按农村习俗举行婚礼，但未补办结婚登记。自 2013 年 1 月 15 日起同居生活，×××年××月××日生育一子，取名汪某乙。2014 年 3 月，陈某因生活琐事与汪某甲发生争吵后返回位于湖南省桑植县的娘家居住，与汪某甲分居生活，汪某乙随汪某甲的父母在湖北省大冶市老家生活。同年 5 月，陈某将汪某乙接到其娘家居住。同年 9 月的一天，陈某带汪某乙到汪某甲在湖北省武汉市的租住房。次日早上，陈某与汪某甲为了孩子的相关事宜发生争吵，后汪某甲将汪某乙交其父母带回老家抚养。后陈某诉至法院，要求判令汪某乙归其抚养成年，汪某甲每月支付抚养费 1500 元。诉讼中，汪某甲认为其每月收入 5700 元，较陈某收入更高、条件更好，陈某则认为汪某甲收入不固定，每月保底工资仅 2500 元，比其每月收入 3000 元低，但双方均未举证证实。庭审后，陈某提出汪某乙已改名陈某丙，并出示了陈某丙的户籍登记卡。其中，陈颖天的户籍登记卡显示性别为男性，出生于×××年××月××日，曾用名栏空白，籍贯和出生地为湖南省桑植县，住址为桑植县瑞塔铺镇罗家边居委会竹垭子组 048 号，系户主陈×（陈某之父）之孙。

[**法律问题**]

1. 该案中，子女直接抚养权应如何判决？

2. 婚姻效力是否影响子女抚养权的确定？

[参考结论与法理精析]

（一）法院意见

非婚生子女享有与婚生子女同等的权利。陈某、汪某甲于×××年××月××日举行婚礼，后同居生活，至今未补办结婚登记，双方系同居关系。双方虽已分居，但对非婚生子汪某乙仍负有与婚生子女同等的抚养教育义务。现汪某乙未满1周岁，双方因抚养问题发生争执又不能达成协议，根据《最高人民法院关于人民法院审理离婚案件处理子女抚养问题的若干具体意见》中关于2周岁以下的子女一般随母方生活的规定，陈某要求抚养汪某乙，较有利于小孩的成长，故予以准许。由于双方不能协议抚养费的多少，汪某甲陈述的收入状况陈某又不予认可，故可按陈某认可的汪某甲固定收入2500元为基数，由汪某甲每月负担汪某乙抚养费650元，直至汪某乙独立生活时止。

（二）非婚生子女地位

我国《婚姻法》第25条规定："非婚生子女享有与婚生子女同等的权利，任何人不得加以危害和歧视。不直接抚养非婚生子女的生父或生母，应当负担子女的生活费和教育费，直至子女能独立生活为止。"该规定原则性地确定了非婚生子女的地位——与婚生子女同等。但在实际情况下，非婚生子的状况相对更为恶劣。

非婚生子女出现的情况比较复杂，既有无意结婚的短暂同居关系形成的；也有长期同居关系产生的；更有一方已婚的同居关系中出生的。无论是何种同居方式，同居双方关系较受法律规制的婚姻关系都更为不稳定，由此产生的对子女的不利影响更大。在同居双方结束同居的情况下，很有可能存在双方推脱抚养的情形。再者，在现行的行政法体系下，非婚生子的户籍、就学等都存在特定的障碍。在此情况下，强调非婚生子女享有与婚生子女同等的权利，几乎只是停留在纸面上的宣示而已。

相对于部分立法例中排除非婚生子女的继承权的情况，我国现行立法直接认可了非婚生子女的继承权，并且无需"准正"等程序，这一方面确实是历史的进步。但是从另外一个角度看，赋予非婚生子女与婚生子女一模一样的法律地位，是间接认可了同居与结婚同样的法律地位。从政策引导性角度看，是一项不鼓励结婚的立法态度，并不可取。如何平衡非婚生子女的法律保护与鼓励结婚的社会政策，确实需要立法者与理论界贡献更多的智慧。

▶ 拓展案例

张某上诉贾某甲同居关系子女抚养纠纷案

[基本案情]

原、被告于×××年××月××日举行结婚典礼仪式，未办理结婚登记。2007年11月2日生女儿贾某乙，2009年10月22日生儿子贾某丙。2011年农历十二月，张某与贾某甲因家庭矛盾解除同居关系，张某带着儿子贾某丙回其父母家生活，女儿贾某乙仍随贾某甲生活。2012年3月17日，贾某甲未经张某同意，将贾某丙抱走抚养至今。

法院认为：贾某丙和贾某乙是张某与贾某甲的非婚生子女，虽然二子女现在都随贾某甲生活，但是张某与贾某甲解除同居关系之初，双方各自抚养一个孩子，后未经张某同意，贾某甲私自将贾某丙抱走抚养，并不是张某主动放弃子女的抚养权。现贾某甲已结婚，而张某还未结婚，且坚持争取子女的抚养权，并也有一定的经济收入，故二子女由双方各自抚养一个为宜。考虑男孩和女孩不同的生理、心理特点，女儿贾某乙由母亲张某独自抚养，男孩贾某丙由贾某甲独自抚养。

[法律问题]

本案中体现了影响直接抚养权的何种因素？

[重点提示]

在同居双方决定结束同居关系时，非婚生子女抚养权的确定与离婚夫妻对子女抚养权的确定规则基本相同。虽然立法并未明确规定，但是在司法实务中，在有 2 个子女时，一般考虑一方抚养一个，达到感情上的平衡。这一点从理论上看并不妥当：特别是在将双胞胎分开的情况下，增加了子女对家庭分裂的感受，并不利于子女的最佳利益。在不同性别子女的划分上，考虑生理、心理特点，一般由同性父母抚养。离婚后在一方未婚一方已婚的情况下，倾向将子女判给未婚方，考虑未婚方有更多精力投入在前一段婚姻的子女上。以上因素需要综合考量。

三、人工生殖

经典案例

人工授精子女抚养纠纷案[1]

[基本案情]

原告诉称：双方婚后感情不和，经常争吵。被告对我及家人从不关心，致使夫妻感情彻底破裂。现请求与被告离婚；孩子归我抚养，被告要负担抚养费用；在各自住处存放的财产归各自所有。

被告辩称：夫妻感情虽已破裂，但是还应以和为好，若原告坚持离婚，我也同意。孩子是原告未经我的同意，接受人工授精所生，与我没有血缘关系。如果孩子由我抚养教

──────────

〔1〕 载《最高人民法院公报》1997 年第 1 期。

育，我可以负担抚养费用；如果由原告抚养，我不负担抚养费用。同意原告对财产的分割意见。

法院查明：原告某女与被告某男于 1978 年 7 月结婚，婚后多年不孕，经医院检查，是某男无生育能力。1984 年下半年，夫妻二人通过熟人关系到医院为某女实施人工授精手术 2 次，均未成功。1985 年初，二人到医院，又为某女实施人工授精手术 3 次。不久，某女怀孕，于 1986 年 1 月生育一子。之后，夫妻双方常为生活琐事发生争吵，又长期分居，致使感情破裂。

[法律问题]

1. 人工授精是否需要夫妻双方均同意？

2. 人工授精所得子女应由谁抚养？另一方是否需承担抚养费？

[参考结论与法理精析]

（一）法院意见

婚姻关系存续期间所生一子，是夫妻双方在未办理书面同意手续的情况下，采用人工授精方法所生。实施人工授精时，某男均在现场，并未提出反对或者不同的意见；孩子出生后的 10 年中，某男一直视同亲生子女养育，即使在夫妻发生矛盾后分居不来往时，某男仍寄去抚养费。最高人民法院于 1991 年 7 月 6 日在《关于夫妻关系存续期间以人工授精所生子女的法律地位的函》中明确指出："在夫妻关系存续期间，双方一致同意进行人工授精所生子女应视为夫妻双方的婚生子女，父母子女之间权利义务关系适用《婚姻法》的有关规定。"根据婚姻法的立法精神和最高人民法院的复函规定，某女和某男婚姻关系存续期间所生的孩子，应当视为夫妻双方的婚生子女。某男现在否认当初同意某女做人工授精手术，并借此拒绝负担对孩子的抚养义务，其理由不能成立。依照《婚姻法》第 15 条和第 29 条的规定[1]，无论子女随哪一方生活，父母对子女都有抚养教育的义务。根据最高人民法院《关于人民法院审理离婚案件处理子女抚养问题的若干具体意见》第 5 条关于"父母双方对 10 周岁以上的未成年子女随父或随母生活发生争执的，应当考虑该子女的意见"的规定，经征求孩子本人的意见，孩子表示愿意随母亲生活，应予同意。

（二）人工生殖子女法律地位

中国传统观念中"不孝有三，无后为大"的说法十分普遍，但因年龄、生理疾病等原因，有些夫妻难以通过正常方式获得子女，但随着现代科技的进步，一些人工辅助方法使他们得以繁衍后代。人工生殖是指根据生物遗传工程理论，对人类卵子、精子或胚胎进行人工操作，替代自然生育过程中的某一环节，用于治疗不孕不育症的各种技术。[2]

人工授精是人工生殖的典型代表，是指为了使女性能够成功受孕，医疗人员利用人工方式，将女性配偶的精液或捐献者的精液注入该女性子宫内的一种技术。[3] 一般用于男性生殖障碍的情况，在我国较为普遍，因此作出特别规定，最高人民法院于 1991 年 7 月 6 日在《关于夫妻关系存续期间以人工授精所生子女的法律地位的函》中明确指出："在夫妻关系存续期间，双方一致同意进行人工授精所生子女应视为夫妻双方的婚生子女，父母子女之间权利义务关系适用《婚姻法》的有关规定。"该条文是我国对此作出的唯一规定。

人工生殖方式对传统亲子关系的认定产生了巨大冲击，子女的生物学父母将可能与法律上的父母不一致，这在我国十分重视血缘的背景下使很多人难以接受。但实际上，我国

---

〔1〕　本案发生于《民事诉讼法》2012 年修订之前，该案法院适用的是 2007 年修订后的版本。
〔2〕　李大平主编：《医事法学》，华南理工大学出版社 2007 年版，第 308 页。
〔3〕　李大平主编：《医事法学》，华南理工大学出版社 2007 年版，第 309 页。

法律规定的收养子女、继子女与父母的关系都未因没有血缘而区别于亲生子女。人工生殖作为自然生殖的一种替代方式，在夫妻双方予以接受且不违反公序良俗的情况下，产生的子女理应获得与自然生殖方式产生子女相同的权利。在父母离婚子女抚养权发生纠纷时，也不应以是否存在血缘关系作为直接抚养的标准，在不提供生殖细胞的一方同意以人工生殖方式繁衍后代时，就代表了其对该新生命作为自己子女的认可，随后的亲子关系不再因夫妻的婚姻关系解除而改变。

➡️ 拓展案例

陈某上诉罗某甲、谢某某监护权纠纷案

［基本案情］

罗某甲、谢某某系夫妻，婚生二女一子，长女罗 A、次女罗丙、儿子罗乙。罗乙与陈某于 2007 年 4 月 28 日登记结婚，双方均系再婚，再婚前，罗乙已育有一子一女，陈某未曾生育。婚后，罗乙与陈某通过购买他人卵子，并由罗乙提供精子，通过体外授精联合胚胎移植技术，出资委托其他女性代孕，卵子提供方与代孕方非同一人，于××××年××月××日生育一对异卵双胞胎即罗某丁（男）、罗某戊（女），2 名孩子出生后随罗乙、陈某共同生活。2014 年 2 月 7 日，罗乙因病经抢救无效死亡，嗣后，陈某携罗某丁、罗某戊共同生活至今。2014 年 12 月 29 日，罗某甲、谢某某提起本案监护权之诉。

法院曾委托司法鉴定科学技术研究所司法鉴定中心对罗某甲、谢某某与罗某丁、罗某戊之间是否存在祖孙亲缘关系进行鉴定，鉴定意见为：依据现有资料和 DNA 分析结果，不排除罗某甲、谢某某与罗某丁、罗某戊之间存在祖孙亲缘关系。双方当事人对该鉴定意见均无异议。本案审理过程

拓展案例
判决书原文

中，原审法院于 2015 年 3 月 30 日委托司法鉴定科学技术研究所司法鉴定中心对陈某与罗某丁、罗某戊之间有无亲生血缘关系进行鉴定，上述鉴定机构于 2015 年 4 月 9 日出具的鉴定意见为：依据现有资料和 DNA 分析结果，排除陈某为罗某丁、罗某戊的生物学母亲。双方当事人对于该鉴定意见均无异议。

[法律问题]

1. 本案中，罗某丁、罗某戊是否可认定为婚生子女？

2. 本案中，陈某是否与罗某丁、罗某戊形成父母子女关系？

[重点提示]

法院认为，本案中，作为代孕所生子女的罗某丁、罗某戊，其法律上的亲生母亲应根据"分娩者为母"原则认定为代孕者；关于生父的认定，罗乙与 2 名孩子之间具有血缘关系，故法律上的亲生父亲应为罗乙。由于罗乙与代孕者之间不具有合法的婚姻关系，故所生子女当属非婚生子女。原审判决否定了陈某提出的 2 名孩子系其夫妻之婚生子女的主张，本院予以认同。罗某丁、罗某戊的出生证明及户籍登记已记载罗乙、陈某为父母，且亦被罗乙、陈某实际抚养，表明罗乙作为生父已作出实际的自愿认领行为。罗某甲、谢某某系罗乙的父母，故为罗某丁、罗某戊的祖父母。

本案中，罗某丁、罗某戊是陈某与罗乙结婚后，由罗乙与其他女性以代孕方式生育之子女，属于缔结婚姻关系后夫妻一方的非婚生子女。2 名孩子出生后，一直随罗乙、陈某夫妇共同生活近 3 年之久，罗乙去世后又随陈某共同生活达 2 年，迄今为止陈某与孩子共同生活已有 5 年，其间，陈某已完全将 2 名孩子视为自己的子女，并履行了作为一名母亲对孩子的抚养、保护、教育、照顾等诸项义务，故应认定双方之间已形成有抚养关系的继父母子女关系，其权利义务关系应当适用父母子女关系的有关规定。该拟制血亲的继父母子女关系一旦形成，并不因夫妻中生父母一方的死亡而解除，亦不容继父母随意放弃监护权，仅在生父母与继父母离婚时，继父母不同意抚养的，方可由生父母抚养，故罗乙的死亡并不能使陈某与 2 名孩子之间已存在的有抚养关系的继父母子女关系自然终止。

第七章　离婚协议的约束力

知识概要

　　离婚协议是指夫妻双方在离婚时就离婚意向、共同财产分割、内部债务承担的约定、子女抚养等问题所达成的合意，它既是协议离婚的必备依据，也往往成为离婚后财产争议诉讼中的焦点。但在实践中，这份协议往往不能发生预期效力：若一方反悔，另外一方则只能诉诸法院，请求诉讼离婚；而在离婚诉讼过程中，也有可能出现双方已就财产分割等问题达成协议，后又在结案前反悔的现象。本章将结合案例，针对协议离婚成功时、协议离婚不成时及诉讼中签署离婚协议的三种典型情况，对离婚协议的生效情况进行具体分析，以厘清其拘束力之意。

一、协议离婚成时离婚协议之约束力

经典案例

于某某诉高某某离婚后财产纠纷案

[基本案情]

　　于某某与高某某于 2001 年 11 月 11 日登记结婚，婚后于 2003 年 9 月生育一子高某。因感情不和，双方于 2009 年 9 月 2 日在法院调解离婚。双方离婚时对于共同共有的位于北京市某小区 59 号房屋未予以分割，而是通过协议约定该房屋所有权在高某某付清贷款后归双方之子高某所有。2013

经典案例
判决书原文

年1月，于某某起诉至北京市东城区人民法院称：59号房屋贷款尚未还清，房屋产权亦未变更至高某名下，即还未实际赠与给高某，目前还处于于某某、高某某共有财产状态，故不计划再将该房屋属于自己的部分赠给高某，主张撤销之前的赠与行为，由法院依法分割59号房屋。

高某某则认为：离婚时双方已经将房屋协议赠与高某，正是因为于某某同意将房屋赠与高某，我才同意离婚协议中其他加重我义务的条款，例如在离婚后单独偿还夫妻共同债务4.5万元。我认为离婚已经对孩子造成巨大伤害，出于对未成年人的考虑，不应该支持于某某的诉讼请求。

[法律问题]

本案中，能否撤销赠与？

[参考结论与法理精析]

（一）法院意见

北京市东城区人民法院生效裁判认为：双方在婚姻关系存续期间均知悉59号房屋系夫妻共同财产，对于诉争房屋的处理，于某某与高某某早已达成约定，且该约定系双方在离婚时达成，即双方约定将59号房屋赠与其子是建立在双方夫妻身份关系解除的基础之上。在于某某与高某某离婚后，于某某不同意履行对诉争房屋的处理约定，并要求分割诉争房屋，其诉讼请求法律依据不足，亦有违诚信。故对于某某的诉讼请求，法院不予支持。

北京市东城区人民法院于2013年4月24日作出（2013）东民初字第02551号民事判决：驳回于某某的诉讼请求。宣判后，于某某向北京市第二中级人民法院提起上诉，北京市第二中级人民法院于2013年7月11日作出（2013）二中民终字第09734号判决：驳回上诉，维持原判。

最高人民法院评述其典型意义称：本案中，双方争议的焦点是在离婚协议中约定将夫妻共同共有的房产赠与未成年子女，离婚后一方在赠与房产变更登记之前是否有权予以撤销。在离婚协议中双方将共同财产赠与未成年子女的约定与解除婚姻关系、子女抚养、共同财产分割、共同债务清偿、离婚损害赔偿等内容互为前提、互为结果，构成了一个整体，是"一揽子"的解决方案。如果允许一方反悔，那么男女双方离婚协议的"整体性"将被破坏。在婚姻关系已经解除且不可逆的情况下，如果允许当事人对于财产部分反悔，将助长先离婚再恶意占有财产之有违诚实信用的行为，也不利于保护未成年子女的权益。因此，在离婚后一方欲根据《合同法》第186条第1款之规定单方撤销赠与时亦应取得双方合意，在未征得作为共同共有人的另一方同意的情况下，无权单方撤销赠与。

（二）离婚协议的约束力

离婚协议之约束力的法律基础在于《婚姻法司法解释二》中第8条，其明确规定"离婚协议中关于财产分割的条款或者当事人因离婚就财产分割达成的协议，对男女双方具有法律的约束力"。但该条并未言明该约束力之内涵及产生之时间，因此不得不从相关法律条文作体系解释。联系该条第2款，其规定了人民法院对于上述协议履行之纠纷应当受理，是否可做初步推断，即该约束力的内涵为要求当事人实际履行？紧接着的第9条也为上述推论提供了助力，该条一方面规定了对于当事人反悔之情况，人民法院应当受理，但作出了严格的时间与条件限制——必须在协议离婚1年内，且只限于存在欺诈、胁迫之情形。以上所述《婚姻法司法解释二》有关离婚协议约束力之条款均意在规制其实际履行，因此，所称的"离婚协议之约束力"应当为要求当事人实际履行之意。

从离婚协议的本质而言，其为当事人解除婚姻关系之工具，该协议之签订是出于离婚之目的，协议实际履行之效力也源于婚姻关系解除这一前提，因此其效力当始于婚姻解除之时。理论界通常也将解除婚姻关系作为离婚协议拘束力产生之始。

实践中的问题往往更为复杂。例如，协议离婚中往往无专业律师协助，因此，当事人的离婚协议往往写得相对不专业，为后续的争议留下了隐患。又例如，当事人为了财产隐私，先行签署了财产分割协议，然后去民政局备案的离婚协议中进行简化处理，写明"财产已经分割、无争议"类似这样的表述。更有本案中法院判决中提到的"离婚协议的整体性"问题，都值得进一步分析与研究。

➡ **拓展案例**

赵某某诉王某某离婚后财产纠纷案

[基本案情]

拓展案例
判决书原文

原告赵某某与被告王某某于 2006 年 1 月 23 日在杞县民政局登记结婚，后于 2010 年 4 月 12 日达成了离婚协议，并于当日在杞县民政局登记离婚。原、被告在离婚协议中约定："①双方无子女；②双方共有的位于睢县威尼斯水岸 9 栋楼 2 单元 202 号的房屋一套归王某某所有，双方共有的位于郑州紫金山路康城小区 19 栋 2008 号的楼房一套归赵某某所有，购买的比亚迪汽车一辆归赵某某所有，双方各自其他私人财产各归各自所有；③双方债务由赵某某偿还。"睢县威尼斯水岸 9 栋楼 2 单元 202 号房屋的登记所有权人是王某某，协议离婚后，被告王某某于 2010 年 7 月 16 日给原告出具了"将位于睢县威尼斯水岸房屋一套无条件归赵某某所有，无条件负责过户手续"的证明一份。后被告王某某于 2011 年 1 月 19 日将该房屋以 157 900 元的价格卖给了第三人常红军。原告认为被告无权售房，在出售房屋后应该将房款交给原告，为此引起诉讼。

[**法律问题**]

被告给原告出具了"将位于睢县威尼斯水岸房屋一套无条件归赵某某所有，无条件负责过户手续"的证明一份，属于离婚协议的一部分，还是单独的一项赠与法律行为？

[**重点提示**]

如果认定为对离婚协议的补充与修订，那么根据离婚协议内容的整体性，应当认定其不可撤销其赠与，即使赠与的不动产尚未完成过户登记。如果认定是独立的赠与，那么根据《合同法》的规定，撤销赠与为其法定的权利。本案的重点在于考量此项赠与的背景，是与离婚事项紧密相关，还是单纯的慷慨？具体联系到本案，应当考虑离婚后前配偶之间的关系，以及对外债务的内部承担情况后综合判断。

二、协议离婚不成时离婚协议之约束力

➡ 经典案例一

莫某某诉李某某离婚纠纷案

[**基本案情**]

原告莫某某因与被告李某某发生离婚纠纷，向广东省怀集县人民法院提起诉讼。原告莫某某诉称：原告与被告李某某于 2002 年上半年经人介绍相识，2003 年 3 月双方登记结婚，同年 10 月 21 日生育一子李某乙。2007 年暑假，原告为了家庭生活及缓解夫妻矛盾，向被告提出外出做家教，遭到被告的反对，并经原告母亲出面制止原告外出，声称"如果要外出家教，必须先办离婚手续"等。由于原、被告夫妻感情不断恶化，双方曾于 2010 年 5 月协议离婚，但因财产等问题协商未果。

广东省怀集县人民法院一审查明：

经典案例
判决书原文

原告莫某某与被告李某某于 2002 年上半年经人介绍相识，2003 年 3 月双方登记结婚，同年 10 月 21 日生育一子李某乙。婚后，原、被告的夫妻感情较好。2007 年暑假，李某某阻止莫某某外出做家教，双方发生言语争执。之后，夫妻关系时好时坏。2010 年 5 月，莫某某草拟离婚协议一份交给李某某。李某某答应如果儿子由其抚养和夫妻存续期间购买的宅基地（使用权登记为女方，价值 20 万元）归男方所有的，愿意去办离婚手续。同年 7 月，原、被告双方到土地管理部门将原登记在莫某某名下的（2006）第 0036 号《土地使用证》范围内的土地使用权全部变更至李某某名下。但是，李某某反悔，不同意离婚。同年 8 月初，莫某某搬离家中在外租屋居住，并向法院提起诉讼，请求判决准许离婚，并分割共同财产。

经广东省怀集县人民法院主持调解，因原告莫某某要求离婚，被告李某某则不同意离婚，调解未果。

［法律问题］

1. 诉讼离婚不成时，已经签署的离婚协议约束力如何？
2. 如何从学理上分析离婚协议约束力之特性？

［参考结论与法理精析］

（一）法院意见

本案一审的争议焦点是：原告莫某某与被告李某某草拟的离婚协议是否生效，变更后的财产是否仍是夫妻共同财产。

广东省怀集县人民法院一审认为：对于双方当事人是否达成离婚协议问题。离婚协议是解除夫妻双方人身关系的协议，该协议是一种要式协议，必须经双方当事人签名确认才能生效，即双方在协议上签名画押是其成立的前提条件。否则，即使有证人在场见证，证明双方达成离婚合意，但由于一方没有在离婚协议上签名确认，在法律上该离婚协议是没有成立的。原告莫某某于 2010 年 5 月草拟离婚协议一份交给被告李某某，虽然李某某口头答应离婚，且双方履行了共同财产分割的部分，可以认定双方对离婚达成了合意，但是由于李某某并没有在协议上签名导致离婚协议欠缺合同成立的要件，且事后李某某反悔不愿离婚，因此不能根据仅有一方签名的离婚协议判决双方离婚。

对于双方当事人在离婚前作出的财产处理问题。本案离婚协议属于婚内离婚协议，所谓婚内离婚协议，是指男女双方在婚姻关系存续期间，以解除婚姻关系为基本目的，并就财产分割及子女抚养问题达成的协议。婚内离婚协议是以双方协议离婚为前提，一方或者双方为了达到离婚的目的，可能在子女抚养、财产分割等方面作出有条件的让步。在双方未能在婚姻登记机关登记离婚的情况下，该协议没有生效，对双方当事人均不产生法律约束力，其中关于子女抚养、财产分割的约定，不能当然作为人民法院处理离婚案件的直接依据。原告莫某某与被告李某某在协议离婚过程中经双方协商对财产分割进行处理，是双方真实的意思表示，并且已经进行了变更登记，但由于李某某并未在离婚协议上签名，达不到离婚协议的成立要件，因此，该婚内离婚协议无效，即按该协议所进行的履行行为也可视为无效。虽然（2006）第0036 号《土地使用证》范围内的土地使用权变更在李某某名下，但该土地使用权还是莫某某和李某某婚姻存续期间的共同财产，与原来登记在莫某某名下的性质是一样的。

本案法院的说理部分的观点值得参考。法院从协议的形式要件出发，以"一方未签字"作为基础事实否认了该协议的成立，恰恰忽视了《合同法》第 37 条规定的"采用合同书形式订立合同，在签字或者盖章之前，当事人一方已经履行主要义务，对方接受的，该合同成立"。本案中，婚内离婚协议已经获得部分履行，因此法院还需明确为何不适用

《合同法》的这项规定。

（二）离婚协议约束力的实质——离婚协议的性质分析

《婚姻法司法解释三》第 14 条之规定印证了上述推论："当事人达成的以登记离婚或者到人民法院协议离婚为条件的财产分割协议，如果双方协议离婚未成，一方在离婚诉讼中反悔的，人民法院应当认定该财产分割协议没有生效，并根据实际情况依法对夫妻共同财产进行分割。"

对于离婚协议约束力问题的理解，离不开理论上对于离婚协议本身性质的探究。对于上述问题，学界存在不同的学说与观点：

1. 单一的人身关系。该观点认为，应当对离婚协议作实质解释，即其仅包含终止婚姻关系之合意，具有单一的人身性，未经公示（即婚姻登记机关正式登记备案），双方可以反悔。[1] 然而根据《中华人民共和国婚姻登记条例》第 11 条第 3 款[2]之规定，离婚协议包含多个意思表示，并由此产生多个法律后果。因此，将其认为是单纯的离婚意向显然是有失偏颇的。

2. 混合合同说。此种学说将离婚协议定性为一种混合合同：对于财产债务的安排应当适用《合同法》，而涉及婚姻关系及子女抚养方面的部分，因为具有强烈的身份性，则应当适用《婚姻法》。因此，除非双方另做明确约定，后者自双方办理离婚登记后生效，而前者则只需要满足当事人意思表示一致即可生效。[3]

---

〔1〕 杨晓林："诉前离婚协议的性质和效力的探讨"，载贾明军主编：《婚姻家庭纠纷案件律师业务》，法律出版社 2008 年版，第 173 页。

〔2〕《中华人民共和国婚姻登记条例》，中华人民共和国国务院令第 387 号。第 11 条第 3 款规定："离婚协议书应当载明双方当事人自愿离婚的意思表示以及对子女抚养、财产及债务处理等事项协商一致的意见。"

〔3〕 孙瑞玺："离婚协议的性质及效力"，载北大法律网 http://article.chinalawinfo.com/ArticleHtml/Article_ 32513.shtml，访问日期：2015 年 10 月 15 日。

　　这种学说认识到了离婚协议的复合性特征，但是，离婚协议虽然也是一种契约，却与"离婚"这一身份行为密切相关，属于《合同法》第 2 条规定的应适用特殊法律规定的合同。

拓展阅读

　　3. 附条件的民事法律行为。这种观点认为，离婚协议是一个附延缓条件的民事法律行为，其以离婚为财产分割之条件，"离婚"包括协议离婚与判决离婚。[1] 离婚协议虽然以离婚为前提条件，但并非附延缓条件的民事法律行为。附延缓条件的民事法律行为中，尽管在条件成就时才发生效力，但在条件成就前，其具有一定的法律拘束力，双方不得随意撤回其意思表示，双方的行为也受到某些特定法律要求的约束，从而确保条件成就时，其预设的法律效果能够得到实现。[2] 但离婚协议签订后，登记备案前，任何一方都具有反悔的权利，另一方当事人只能通过诉讼离婚的方式来终止婚姻关系，而不可诉请强制履行。

　　由此，在未办理婚姻登记之前，夫妻双方对于已签署的离婚协议都具有反悔的权利，另一方不能据已签署的离婚协议诉请法院强制履行。解除婚姻关系与夫妻共同财产及相关事务的安排之间为形成行为与附随行为之关系，在离婚手续办理之前，离婚协议对双方当事人没有实际履行之约束力。

　　实务中存在的另一个值得理论界研究与解释的法律问题是：如果双方当事人在婚内离婚协议中明确不管是否能够协议离婚成功，均对双方当事人发生效力，那么在诉讼离婚中一方否认关于财产部分的约定，法院是否应当认定财产部分约定的效力？

---

　　〔1〕　杨晓林："诉前离婚协议的性质和效力的探讨"，载贾明军主编：《婚姻家庭纠纷案件律师业务》，法律出版社 2008 年版，第 173 页。
　　〔2〕　［德］卡尔·拉伦茨：《德国民法通论（下）》，王晓晔等译，法律出版社 2003 年版，第 694 页。

➡ **经典案例二**

申请再审人廖某某因与被申请人
陈某某离婚后财产纠纷案

[基本案情]

申请再审人（一审原告、二审上诉人）：廖某某。

被申请人（一审被告、二审被上诉人）：陈某某。

申请再审人廖某某因与被申请人陈某某离婚后财产纠纷一案，不服广东省高级人民法院（2010）粤高法民一终字第27号民事判决，向本院申请再审。本院依法组成合议庭对本案进行了审查，现已审查终结。

廖某某申请再审称：①原审判决认定事实错误，证据不足。判决的主要依据未经质证、离婚协议属于附生效条件的合同，原审认定有效错误。②原审判决认定事实的主要证据是伪造的。《离婚协议》属于《婚姻登记条例》管辖，其格式和内容有其特定的格式规范，2页以上的合同或协议均应按页签名或骑缝签章，案涉离婚协议无当事人签字也无骑缝签章，应属被申请人篡改伪造。原审所涉《收条》为廖雪某出具，从内容上看，没有说明此《收条》是廖雪某向何人出具，也没有注明是廖雪某从何处拿到上述物品，书证内容因车辆一直由廖某某使用，在现实中根本不可能出现，该证据属伪造。③原审对家庭暴力未予认定，事实不清，证据不足。2009年1月16日，陈某某以《保证书》的形式，将其长期对廖某某实施家庭暴力、危害廖某某身心健康、限制人身自由等违法行为作出了自认，且在庭审中明确表明《保证书》内容属实，承认其确有过错，据此，在财产处理上应对陈某某少分或不分。根据《中华人民共和国民事诉讼法》第179条第1款第3项、第4项、第5项、第6项之规定，申请再审。

［法律问题］

诉讼中签署的离婚协议与诉前离婚协议有何区别？

［参考结论与法理精析］

（一）法院意见

本院认为：

1. 关于《离婚协议》的效力问题。经查，2009 年 3 月 2 日廖某某与陈某某签订《离婚协议》时，廖某某已向相关法院提起离婚诉讼，相关法院正在审理中。根据《离婚协议》内容，该协议主要涉及财产分割及子女抚养部分，并无自愿离婚约定，因此该协议虽名为离婚协议，但实为财产分割协议。该协议有双方当事人及见证人签字，形式和内容并不违反法律规定，应认定为双方真实意思表示。廖某某以该协议第 1 页没有其签名、没有加盖骑缝章、形式不完备等为由认为该协议属陈某某伪造，但未提供相应的证据证实；同时其亦未合理解释该协议第 2 页签名真实且写明双方各执一份的情况下其无法提供该协议原件的事实。据此，原审认定《离婚协议》有效，有事实和法律根据。

2. 共同财产分割是否显失公平的问题。经查，离婚协议中的共同财产分割属于双方真实意思表示，廖某某虽主张该协议之签订受到陈某某的胁迫，但并未提供相关的证据予以证明，且廖某某的哥哥廖雪某还作为见证人签字确认。同时，从分割的共同财产价值上，各方分得的价值也基本相当，并不显失公平。①关于未作约定的房产部分，廖某某虽主张某等 11 套房产的转让款被陈某某隐匿、转移，但廖某某并未举证证明陈某某具有隐匿、转移上述转让款的事实；某 102 房只有预购备案登记，之后已被注销，且房管部门亦没有该房产的产权登记，表明事实上并不存在上述房产，廖某某主张分配该房产，但未提供证据证明上述房产存在，应承担举证不利的法律后果。②关于未作约定的车辆部分，主要涉及粤 C56×××、粤 CD3××× 两辆汽车，庭审中，陈某某同意将粤 C56××× 分割给廖某某，至此廖某某已分得粤 TJ8×××、粤 C56××× 两辆汽车。其进一步主张分配粤 CD3××× 小汽车的一半价值，因该主张违反均等分割的原则，原审不予支持，并无不当。③关于未约定的股票部分。对于陈某某名下的 5 只股票，廖某某已分得 60% 的份额。④关于海南×××有限公司某某分公司及湖南省×××集团总公司某某公司的分割问题，因廖某某并无证据证明上述公司属于其家庭共同财产范围，原审不予支持，并无不当。

3. 关于陈某某的过错认定问题。经查，陈某某在 2009 年 1 月 16 日确曾出具《保证书》，其中有涉及家庭暴力的内容，但廖某某没有证据证明陈某某已实施的家庭暴力达到承担过错责任的程度；更重要的是，廖某某并无证据证明 2009 年 3 月 2 日双方在签订离婚协议过程中陈某某对其有暴力胁迫行为。据此，原审在共同财产分割中对陈某某的过错不予认定，并不违法。

综上，廖某某的再审申请不符合《中华人民共和国民事诉讼法》第 179 条规定的情形。依照《中华人民共和国民事诉讼法》第 181 条第 1 款之规定[1]，裁定如下：驳回廖某某的再审申请。

（二）诉讼中签署的离婚协议与诉前离婚协议之异同

分析法院之意见可见其对涉案《离婚协议》持如下判断：①离婚协议应当仅指在诉讼前所签订的离婚协议。因此，在诉讼过程中，廖某某与陈某某所签订的《离婚协议》与诉前离婚协议在性质与效力上不同。②离婚协议应当包含"自愿离婚"的合意，廖某某与陈某某所签订的《离婚协议》并没有自愿离婚的条款，因此名为《离婚协议》实际

---

〔1〕 本案发生于《民事诉讼法》2012 年修订之前，该案法院适用的是 2007 年修订版本。

上仅仅是财产分割协议。基于此，法院并未适用《婚姻法司法解释三》第 14 条之规定，而认定其为财产分割协议。并且结合双方正处于离婚诉讼中，推定此项分割协议为离婚之目的，因此认可了其法律效力。但是未解决的问题是：如果本案法院判决不离婚，那么此项协议的效力应当如何判断呢？

诉讼中签署的离婚协议，如果其内容仅限于财产，那么与普通的诉前离婚协议存在着巨大的区别，本质区别在于：后者往往还涉及身份关系的解除、未成年子女直接抚养权的归属等人身问题，并且财产问题与人身问题往往会合并一起解决。

虽然离婚中人身关系与财产关系理论上是可以分开的，是不同的法律问题。但实践中往往是不可分割的两个事项。典型的例子如：①一方为加速离婚的程序，而在财产方面作一定的让步，让对方获得更多的夫妻共同财产分配；②一方为获得未成年子女的直接抚养权，而在财产方面作一定的让步。在上述或者类似的情形中，财产关系与人身关系是紧密相关的，是双方离婚前谈判的重要背景，但可能基于非专业性而未能明确体现在离婚协议的文本上。因此，诉前离婚协议的效力为《婚姻法司法解释三》否认，具有其合理性。

但是诉讼中的离婚协议，双方解除婚姻关系的意图已经很明确，如果仅仅涉及财产部分的协议分割，法院无理由不认可其效力。因为财产性的协定，一般不涉及公共利益，因此法院无需进行实体性的审查。相反，如果涉及未成年子女的抚养问题，则涉及未成年人的利益及其代表的社会公共利益，因此法院有审查的必要性。

拓展案例
判决书原文

拓展案例

季某甲、严某离婚纠纷案

[基本案情]

严某、季某甲于 1997 年 11 月因工作关系认识，于×× ××年××月××日登记结婚，于××××年××月××日 生育一女季某乙。婚生女季某乙在罗湖区上小学一年级。

2007 年 9 月 26 日，严某（乙方）与季某甲（甲方）签 订一份《协议书》，载明："双方因家庭经济矛盾无法解决， 现决定协议离婚，由于存在乙方户口随迁问题而推迟办理离 婚手续，现经甲、乙双方协商，就财产分配及女儿抚养问题 达成如下协议。"该《协议书》约定了女儿抚养权由双方共 同承担，同时双方都放弃向对方要求抚养费，教育及医疗费 原则上双方各承担 50%；各自名下的房产归个人所有，季某 甲须补偿严某 10 万元，严某放弃其他家庭财产（严某个人 用品除外）；本协议签订至协议离婚完成时，双方各自享有 并负担各自的债权、债务及投资收益、盈利或亏损，均与对 方无关；因随迁户口过程拖延期间，任何一方与他人同居， 另一方不得以重婚罪指控对方。严某于 2007 年 9 月 20 日将 其享有的沁芳名苑 a 栋 3b 房产产权份额转让给季某甲，季 某甲出资 102 万元为严某购买沁芳名苑 b 栋 11a 房产。严 某、季某甲开始正式分居至今。分居期间，婚生女季某乙跟 随严某生活。季某甲支付小孩每学期的学费 8000 元的一半 及学钢琴费每年三四万元的一半，但严某起诉后至今，季某 甲未支付小孩抚养费。××××年××月××日，严某、季 某甲再次签订一份《关于确定财产归属的协议书》，双方就 财产归属进行了约定，内容为"双方一致同意婚前、婚后财 产均实行归各自所有的归属原则，即各自取得的财产归各自 所有，各自名下的财产归各自所有，均不作为共同财产；婚 后各自对外所欠下的债务由各自独立承担；家庭中的动产

（严某个人用品除外）归季某甲所有；本协议双方签订后即视为从结婚登记之日起生效"。

该协议执行若干年之后，2012 年 4 月 18 日，严某向一审法院提起诉讼，请求法院判决离婚，并不依据此前的《关于确定财产归属的协议书》来进行裁判。季某甲同意与严某离婚。双方因长期家庭矛盾于 2007 年 9 月 26 日签订了离婚协议书，并自此分居至今，故重婚并非导致婚姻破裂的原因。

[法律问题]

本案中《关于确定财产归属的协议书》效力如何？

[重点提示]

本案中，所涉《关于确定财产归属的协议书》明确约定了"本协议双方签订后即视为从结婚登记之日起生效"。也就是说，该《协议书》约定了生效时间，明确排除了以离婚这一事实的发生作为该《协议书》生效的条件。

此外，本案中值得探讨的第二个问题是：在协议书中约定"因随迁户口过程拖延期间，任何一方与他人同居，另一方不得以重婚罪指控对方"，是否具有法律效力？

第八章 离婚救济

知识概要

离婚救济制度是为因离婚而受有损失的一方提供权利救济的制度，其主要目的是帮助离婚中处于相对弱势或者因为离婚而承受不利益的一方。离婚救济的存在，也是离婚自由之保障。目前我国现行《婚姻法》中规定的离婚救济制度只包括三种，即《婚姻法》第 40 条规定的家务补偿制度、《婚姻法》第 42 条规定的困难经济补偿制度以及《婚姻法》第 46 条规定的离婚损害赔偿制度。相关司法解释也对上述离婚救济制度作出了司法阐释，本章将结合司法实践对上述三种制度进行介绍与讨论。

一、家务补偿

经典案例

金某与赵某甲离婚纠纷案

[基本案情]

原告金某与被告赵某甲于 2006 年因业务关系认识并建立恋爱关系，××××年××月××日结婚登记，被告系再婚，同年 9 月婚娶，××××年××月××日生育一子赵某乙。2007 年原、被告因原告管理公司期间财务出现问题及被告认为婚生子是原告与他人的子女，双方产生纠纷，2007 年

经典案例
判决书原文

12月原告带孩子回其娘家居住。双方在婚前及婚姻关系存续期间均没有签订任何夫妻财产制契约。

2010年11月2日，原告提起离婚诉讼。诉讼中，法院根据被告的申请，于2014年8月27日委托山东医科院司法鉴定所对赵某甲与赵某乙之间是否存在亲生血缘关系进行亲权鉴定。2014年9月12日作出鉴定结论为：支持赵某甲与赵某乙存在亲生血缘关系。另查明，自2007年12月原、被告分居，婚生子赵某丙由原告抚养至今，因此，原告诉请法院判令被告赵某甲对其进行经济补偿。

[法律问题]

1. 本案中，原告金某是否符合可以获得家务补偿的情形？

2. 现行家务补偿制度存在哪些不足之处？

[参考结论与法理精析]

（一）法院意见

一审法院邹城市人民法院认为，原、被告感情确已破裂，依法准予离婚。原、被告婚姻关系存续期间所生男孩赵某乙，经司法鉴定，被告与其存在亲生血缘关系。鉴于赵某乙长期随原告生活，本着对子女成长有利的原则，由原告抚养，被告应按照法律规定支付抚养费。

被告自2007年12月与原告分居，孩子一直由原告独自抚养，虽然原、被告分居期间所得的财产为夫妻共同财产，但二人处于分居状态，各自所得的财产归各自保管、使用，原告无法处置分居期间被告所得并保管使用的那部分共同收入财产来完成被告对子女的抚养义务，无形中加重了原告的抚养负担。根据《婚姻法》第40条的规定，夫妻书面约定婚姻关系存续期间所得的财产归各自所有，一方因抚育子女、照料老人、协助另一方工作等付出较多的，离婚时有权向另一方请求补偿，另一方应当予以补偿。虽然本案原、被告并无书面约定婚姻关系存续期间所得的财产归各自所有，但根据《最高人民法院关于人民法院审理离婚案件处理财产分割问题的若干具体意见》第 4 条的规定，分居期间所得的财产虽应认定为夫妻共同财产，但在分割财产时，各自分别管理使用的财产归各自所有。从公平原则和父母对孩子的共同抚养义务的角度来说，被告应当给予原告补偿。自原、被告 2007 年 12 月分居至今已有 93 个月，酌定被告按照每月 1000 元给付原告相应的补偿，共计 93 000 元，并按以后每月 1000 元的标准向原告支付抚养费至孩子满 18 周岁为止。原告其余主张由于证据不足，不予支持。

综上，邹城市人民法院依照《最高人民法院关于人民法院审理离婚案件处理子女抚养问题的若干具体意见》第 3 条、第 7 条、《中华人民共和国婚姻法》第 21 条、第 32 条、《最高人民法院关于人民法院审理离婚案件处理财产分割问题的若干具体意见》第 4 条之规定，判决准予原告金某与被告赵某甲离婚；原、被告婚生子赵某乙由原告抚养，被告于判决生效之日起每月支付抚养费 1000 元至赵某乙 18 周岁止；被告给付原告经济补偿 93 000 元；驳回原告其他诉讼请求。

后金某不服，上诉至山东省济宁市中级人民法院，济宁市中级人民法院判决驳回上诉，维持原判。

本案中，原告金某在双方分居之后，独自照顾两人的婚生子赵某乙，在金钱及精力、时间上均付出了较多，符合获得家务补偿的第二项条件。但是，金某与赵某甲双方对婚姻关系期间所适用的夫妻财产制没有进行过约定，适用法定财产制，因此不符合家务补偿请求权中对分别财产制的前提要求。本案的判决确实非常特殊：一方面，法院否认了直接适用家务补偿的规定；另一方面，在一方未提出婚内抚养费请求的情况下判决了 93 000 元人民币的补偿，而刻意回避了此项补偿的性质，究竟是补偿原告在 93 个月中独自照顾孩子的付出，还是一次性支付过去的抚养费。

（二）我国现行家务补偿制度及其适用条件

我国《婚姻法》第 40 条规定，夫妻书面约定婚姻关系存续期间所得的财产归各自所有，一方因抚育子女、照料老人、协助另一方工作等付出较多的，离婚时有权向另一方请求补偿，另一方应当予以补偿。该条规定确立了我国的夫妻离婚中的家务补偿制度，是我国 2001 年对《婚姻法》进行修正时所增设的重要的离婚救济制度之一。

根据《婚姻法》第 40 条之规定，可以明确，获得离婚中家务补偿有 3 个必要条件：①夫妻之间书面约定了婚姻关系存续期间所得的财产归各自所有，换言之，夫妻之间所适用的财产制应当为分别财产制。②一方在家庭事务中付出了较多义务。在抚育子女、照料老人、协助另一方工作等方面的付出可以表现为时间、精力、劳动的付出，即因为这些付出而牺牲了自己挣钱的机会。③家务补偿的请求，仅限于在离婚诉讼之时一并提出。

家务补偿制度的设立是我国婚姻法立法的一大进步，其不仅具有现实上的必要性，在社会发展价值导向与立法精神体现方面也具有重要的意义。

值得一提的是，此项请求权只能在离婚之时一并提出。在婚姻关系存续期间，不能以承担较多家务劳动为由请求补偿。同时，如果在离婚时没有提出家务补偿诉请的，在离婚之后该请求权消灭，不能够再起诉请求家务补偿。

（三）我国现行家务补偿制度之不足

目前，我国现行家务补偿制度存在的主要问题表现在三个方面：一是家务补偿制度在司法实践中适用率极低；二是举证很难；三是家务补偿的数额难以确定。

《婚姻法》第 40 条中将家务补偿制度的适用范围限定在夫妻之间适用分别财产制。目前在我国，绝大多数夫妻在婚姻关系中不会对夫妻财产制作出约定，采法定婚后所得共同制者居多。根据夏吟兰教授的调查结果指出，适用婚后所得共同制的，在北京占被调查案件总数的 97.4%。但也有少数对财产进行了约定，厦门适用分别财产制的有 2%，适用限定共同制的有 3%。[1] 可以想见，在中小城市尤其是经济不发达的乡镇农村地区，分别财产制的适用率会更低。在此种社会大背景下，家务补偿制度的适用情况可想而知。此外，对于家庭中的事项，如何举证也是个极大的困难。

家务补偿制度限定在分别财产制的范围内造成制度的架空，但是关于是否应当扩张家务补偿制度的适用范围，学界尚存在一定争议。

认为无需扩张家务补偿制度适用范围的"限制说"认为：首先，家务补偿制度本身建立的目的就是弥补分别财产制对家务劳动价值忽视所造成的事实上的不公平，共同财产制对夫妻共同财产的分割本身就已经隐含了对于家务价值的承认，无需通过离婚救济制度进行进一步补偿；其次，虽然共同财产制中单纯的共同财产平均分割也可能会导致对付出较多家庭劳务一方的不公，但是这种不公可以通过在离婚财产分割制度中进行照顾的方式进行纠正，而无需通过扩大家务补偿适用范围的方式。[2]

认为家务补偿适用范围应当扩大的"扩张说"则认为：首先，共同财产制中，承担较多家务劳动的一方很可能对于对方真实收入情况了解不足，举证难度大，对方容易隐匿财产，单纯的财产分割极易造成不公；其次，很多人力资本的投入不能即时获得现实财产的收益，例如，一方放弃个人学业、事业照顾家庭以支持另一方继续学业或考取职业证书等情况下，取得学位或资格证书但尚未取得实际收益的一方提

---

〔1〕 夏吟兰："离婚救济制度之实证研究"，载《政法论坛》2003 年第 6 期。
〔2〕 参见李俊："离婚救济制度研究"，西南政法大学 2006 年博士学位论文。

出离婚，此时如没有家务经济补偿将会造成极大的不公；此外，主张扩张说的学者还认为，在离婚财产分割中对承担较多家务方进行"照顾"与对其进行"补偿"是两个截然不同的概念，也体现了不同的立法精神。"'照顾'的方法对共同财产制下从事家务劳动的一方予以救济表现了一种恩赐的态度，与家务劳动补偿制度明确认可家务劳动可以创造财富的态度大相径庭。况且'照顾'与'补偿'在救济的数量上也会有明显区别。"[1]

拓展案例

马某与张某离婚纠纷案

[基本案情]

张某、马某于 2007 年 12 月同居生活，于×××年×月××日登记结婚，张某到马某家生活，二人均系再婚。双方同居时，张某给付了马某 30 000 元。2011 年，二人在马某旧房的基础上共同翻修了 5 间平板房。共同购置共同财产若干。在共同生活期间，张某扶助马某安葬了其前夫母亲，帮助马某儿子结了婚。后二人因家庭琐事发生矛盾，马某将共同耕种的玉米、西瓜、白菜和部分树苗私自作了处理，张某将共同所养 18 头牛私自作了处理。马某于 2012 年、2013 年 2 次提起离婚诉讼，原审法院分别以（2012）代民初字第 500 号民事判决书和（2013）代民初字第 508 号民事判决书，2 次驳回马某的诉讼请求，不准离婚。二人自 2012 年 10 月马某起诉离婚后分居至今，未能和好。双方在婚前及婚姻关系存续期间均没有签订任何夫妻财产制契约。

马某于 2014 年 9 月第三次向山西省代县人民法院提起

拓展案例
判决书原文

────────────

　　[1] 马忆南、童元玲、潘丽、王晶："离婚财产分割若干问题的社会性别分析"，载《妇女研究论丛》2006 年第 A2 期。

离婚诉讼，要求与张某离婚。山西省代县人民法院于 2015 年 4 月 7 日作出（2014）代民初字第 517 号民事判决，判后，马某不服，向忻州市（地区）中级人民法院提起上诉，忻州市（地区）中级人民法院裁定发回山西省代县人民法院重审。山西省代县人民法院于 2016 年 3 月 27 日作出（2015）代民初字第 506 号民事判决，判后，张某不服，向忻州市（地区）中级人民法院提起上诉。

在案件审理过程中，张某表示其承担较多的抚育子女、照顾老人等家务活动，付出大量心血，要求法院判令马某给予其经济补偿。

山西省代县人民法院认为，张某与马某在法院两次判决不准离婚后仍未能和好，分居时间三年有余，马某 3 次起诉离婚，夫妻感情确已破裂，应准予双方离婚。张某与马某二人都私自对家庭共同财产作过处分，处分的具体数额无证据予以证明，不予重新分配。现有的共同财产在马某处，归马某所有为宜。但二人结婚后，张某到马某处生活，扶助马某修盖房屋、安葬老人，帮助马某为其儿子结婚，付出了心血。现马某提出离婚，应对张某给予适当帮助。故依据《婚姻法》第 32 条、第 42 条之规定，判决如下：①准予原告马某与被告张某离婚；②家庭共同财产三轮车一辆、电动自行车一辆、冰箱一台、洗衣机一台归原告马某所有；③原告马某一次性支付被告张某生活费 10 000 元。

判后，张某不服，向山西省忻州市（地区）中级人民法院提起上诉，称根据《婚姻法》规定，一方因抚育子女、照料老人、协助另一方工作等付出较多的，离婚时有权向另一方请求补偿，另一方应当予以补偿，一审法院判决支付上诉人 1 万元生活费，明显偏少。

忻州市（地区）中级人民法院认为，考虑到上诉人与被上诉人结婚后，到被上诉人处共同生活，付出了劳动和心血，原审判令被上诉人向上诉人支付生活费，较为合理。综上，上诉人上诉理由不足，本院依法不予支持。原审判决认定事实清楚，适用法律正确，依据《中华人民共和国民事诉讼法》第 170 条第 1 款第 1 项之规定，判决驳回上诉，维持原判。

[法律问题]

1. 本案中，张某的主张是否有法律依据？法院判决马某支付张某生活费 10 000 元有何法律依据？

2. 现行家务补偿制度适用范围过于狭窄的缺陷，是否可以通过婚姻法中的其他制度进行弥补？

[重点提示]

家务补偿制度弥补了分别财产制的不足，强调了家务劳动在婚姻家庭生活中的价值，无论从法律构建还是社会价值倡导方面来看，均不可或缺。法律规定的其他离婚救济制度，甚至离婚财产分割的相关规定均可以在一定程度上弥补家务补偿制度适用范围过窄所造成的法律漏洞，但实践中，家务补偿制度的架空也是值得注意的法律适用问题。在立法、修法过程中是否应当扩张家务补偿制度的适用范围，应当结合多方面因素进行考量。

二、经济帮助制度

经典案例

姚某某与张某某离婚纠纷案

[基本案情]

张某某、姚某某经人介绍相识，并于 2008 年 11 月 11 日登记结婚，婚后生育一名女孩张某乙（2009 年 12 月 16 日出生）。张某某、姚某某婚初夫妻感情尚可，后姚某某患精神分裂症，双方于 2010 年 3 月分居至今，张某某、姚某某

经典案例
判决书原文

分居后，婚生女孩一直由张某某自费抚养。张某某、姚某某婚后同张某某父母一起共同生活。2012 年 10 月 22 日，张某某起诉至北票市人民法院称，两人夫妻感情已经破裂，要求与姚某某离婚。姚某某辩称，只要张某某给付姚某某扶养费、打工的一半收入、赔偿金、精神抚慰金、生活补助费及误工费等，其便同意离婚。北票市人民法院另查明，姚某某于 2006 年 10 月 28 日到北票市康宁医院因患精神分裂症住院治疗 44 天，张某某、姚某某分居后，姚某某的精神分裂症经治疗并未痊愈，在此期间，姚某某先后多次起诉张某某要求给付生活费及医疗费等。诉讼中，姚某某要求对因患月子病等造成的伤残进行等级鉴定，但因姚某某没有病志及住院治疗相关材料，无法进行鉴定。

北票市人民法院一审认为：两人感情已经破裂，准予张某某与姚某某离婚。张某某抚养子女对子女身心健康有益，且姚某某不愿抚养子女，故子女由张某某抚养为妥。姚某某要求分割婚后所得的财产，因张某某、姚某某婚后与张某某父母共同生活，故张某某、姚某某可另行主张权利。姚某某反驳的要求张某某等人给付各项赔偿款等（除法院判决的医疗费、生活费等）的意见，因姚某某无证据证明，且无法律依据，故其反驳意见，不予支持。

姚某某不服一审判决，向朝阳市中级人民法院提出上诉，朝阳市中级人民法院二审认为：姚某某提出要求张某某给付各项赔偿款等上诉理由，因其并未提供充分证据予以证明，故其上诉理由不成立。判决驳回上诉，维持原判。后姚某某向辽宁省高级人民法院申请再审，辽宁省高级人民法院指令朝阳市中级人民法院再审，朝阳市中级人民法院再审认为，张某某长期在外地打工，无证据证明其有固定的工作及稳定的收入，原审及二审判决其一人承担与姚某某婚生女孩的抚养义务，已经体现对姚某某在生活上的照顾和帮助。姚某某要求张某某给付离婚赔偿款未提交有效证据证明，不予支持。判决维持原判决。

后，辽宁省人民检察院抗诉认为，朝阳市中级人民法院在判决离婚时，未能判令张某某对姚某某的实际困难予以适当的生活帮助显然不当。《中华人民共和国婚姻法》规定，离婚时，如一方生活困难，另一方应给予适当的帮助。姚某某患精神分裂症久治未能痊愈，无法正常生活、工作；张某某在与姚某某解除夫妻关系时，应对姚某某存在的实际困难给予必要和适当的帮助，这也是张某某应尽的一种责任。对张某某而言，需要抚养孩子和照顾自己的父母，生活负担也较重，但张某某能长期在外地打工，毕竟有劳动能力和相应的收入。责令张某某在自己能力所及的范围内给予姚某某适当的帮助，符合婚姻法律的相关规定和本案的客观实际。再审法院作出判决对此未能考虑确实不妥。

张某某答辩称：北票市人民法院先后5次判决我给付姚某某生活费和医疗费近10万元，在没有给姚某某作出是否丧失劳动能力的鉴定的前提下，判决给生活费及医疗费缺乏依据。现在其赡养患严重疾病基本丧失劳动能力的父母，抚养女儿，姚某某的逼迫使我无生活出路。

[法律问题]

1. 经济帮助制度的内容及制度价值为何？

2. 本案中，关于经济帮助的判决是否应当考量张某某自身的生活水平，即是否应当考量另一方配偶是否有经济帮助的能力？

[参考结论与法理精析]

（一）法院意见

辽宁省高级人民法院再审认为：《婚姻法》第42条规定，离婚时，如一方生活困难，另一方应从其住房等个人财产中给予适当帮助。本案中，姚某某患有疾病，影响工作、生活，其居住在父母家中，生活困难。张某某虽需要抚养孩子和照顾自己的父母，生活负担也较重，但其有劳动能力和相应的收入。双方经济条件存在差异，张某某也有给予姚某某适当帮助的能力。在双方解除夫妻关系时，张某某应给予姚某某适当的生活帮助。抗诉机关关于应给予姚某某适当生活帮助的抗诉意见成立。综合考虑张某某的经济条件、张某某一人承担抚养子女等实际情况，酌定张某某一次性给付姚某某生活帮助款 6000 元。姚某某主张的离婚损害赔偿、精神损害赔偿，因其未提供有效的证据，本院不予支持。

（二）经济帮助制度的内容及性质

经济帮助制度是离婚的一方因离婚而导致生活困难或生活水平严重下降时，另一方以其个人财产提供帮助的离婚救济制度。与 2001 年因《婚姻法》修订而新增的家务补偿制度不同，离婚经济帮助制度早在新中国成立之前的《中华苏维埃共和国婚姻条例》及《中华苏维埃共和国婚姻法》中便有所体现，当时的离婚经济帮助制度的对象限于离婚后尚未再婚的女性，以保证其离婚自由。新中国成立后，经济帮助制度得到保留，在男女平等思想的影响下，其帮助的对象也扩展到男女双方。[1] 我国现行《婚姻法》第 42 条规定："离婚时，如一方生活困难，另一方应从其住房等个人财产中给予适当帮助。具体办法由双方协议；协议不成时，由人民法院判决。"

《婚姻法》关于"生活困难"的规定过于简单，缺乏可操作性。在随后的《婚姻法司法解释一》中，最高人民法院明确了生活困难的两种表现形式：依靠个人财产和离婚时分得的财产无法维持当地基本生活水平，以及一方离婚后没有住处的。

关于离婚经济帮助的性质，我国学者存在不同的观点。

---

[1]　参见王歌雅："经济帮助制度的社会性别分析"，载《法学杂志》2010 年第 7 期。

一些学者认为，经济帮助制度实际上是夫妻之间法定扶养义务在离婚之后的延续，而非仅仅是道德上的要求，其目的是为了在财产分割之外进一步避免因离婚造成的双方生活水平失衡，因为保障公民个人温饱基本生活所需的任务应当是社会保障的任务，而不应由其他公民负责；[1] 但是亦有学者认为："离婚时，对困难一方适当的经济帮助，并非夫妻之间法定扶养义务的继续和延伸，因为夫妻间的扶养义务随婚姻关系的终止而终止。对困难一方的经济帮助，是法定的离婚效力之一，是基于婚姻关系解除而派生出来的一种社会道义的责任，属于婚姻法上对离婚生活困难的一方予以经济保障的救助措施。"[2] 同时认为，人们的生活困难确实是一个社会问题，应当由社会救济、保障机制加以解决，但是在社会保证机制不健全的情况下，只能以经济帮助作为一个解决途径。[3]

最高人民法院民事审判第一庭在其所撰写的《婚姻法司法解释的理解与适用》中认为，经济帮助制度并非夫妻扶养义务之延续，因此此书中曾指出："在确定是否按《婚姻法》第42条规定，让夫妻离婚时一方对生活困难的另一方进行帮助，关键是看一方是否真的是生活困难和另一方是否有能力进行帮助，……《婚姻法》第42条规定的本义是经济方面的强者对弱者进行的一种帮助。虽然这种强者与弱者的区分带有一定相对性，但符合本条规定依法应当对生活困难一方进行帮助的情形，前提条件应该是夫妻双方中相对于生活困难的一方而言的另一方具备这种帮助的能力。也就是说，想要让其承担这种帮助义务的，必须是在离婚时分得的财产

---

〔1〕　参见马忆南："离婚救济制度的评价与选择"，载《中外法学》2007年第2期；巫昌祯主编：《婚姻家庭法新论》，中国政法大学出版社2002年版，第345页。

〔2〕　余延满：《亲属法原论》，法律出版社2007年版，第359页。

〔3〕　参见黄松有主编：《婚姻法司法解释的理解与适用》，中国法制出版社2003年版，第94页。

和其个人财产相对较多，除了足以维持其自身正常的衣、食、住、行等需求外，还能够以其个人财产中的部分对其前配偶进行住房或经济上的帮助。"[1]

上文所引的论述，只是明确了适用的规则，但并非此项义务的理论依据。从伦理的角度看，将经济帮助视为夫妻间法定扶养义务之适当延伸与继续，确实缺乏正当性，不如解释为人道主义补偿，便于困难一方在离婚之后获得缓冲时间。

➡ 拓展案例

刘某某与李某某离婚纠纷案

[基本案情]

拓展案例
判决书原文

刘某某、李某某自由恋爱，于 2007 年 2 月依习俗举办婚礼并共同生活，2007 年 12 月生育一女李某。2010 年 1 月，双方补办结婚登记手续，二人均为再婚。2010 年 4 月，双方就夫妻婚前、婚后财产在中卫市公证处进行了公证，约定将位于某处房屋归刘某某所有，李某某自愿放弃该房屋的所有权；刘某某婚前存款 4 万元属于刘某某个人财产，刘某某将该 4 万元借给李某某用于共同建造该处房屋。2013 年 4 月，李某某在工作中摔伤致二级残疾。刘某某认为双方性格相差较大，经常因琐事发生争吵，于 2014 年 6 月 16 日向宁夏回族自治区中卫市沙坡头区人民法院提出离婚，中卫市沙坡头区人民法院驳回了刘某某的诉讼请求，后刘某某、李某某仍未在一起共同生活，夫妻关系并未有所改善。为此，刘某某再次诉至中卫市沙坡头区人民法院，请求离婚，婚生女李某由刘某某抚养，李某某支付抚养费至李某 18 岁共计 4 万元；刘某某、李某某于 2010 年在某处建造的 5 间砖混房

---

〔1〕 参见黄松有主编：《婚姻法司法解释的理解与适用》，中国法制出版社 2003 年版，第96～97 页。

屋归刘某某所有；李某某偿还刘某某借款4万元。

宁夏回族自治区中卫市沙坡头区人民法院认为：刘某某、李某某双方夫妻感情确已破裂，对刘某某的离婚请求予以支持。根据双方合意，婚生女李某随刘某某生活。关于夫妻财产分割问题，因刘某某、李某某2010年4月13日对婚姻关系存续期间拟建房屋的所有权归属及刘某某婚前财产作为借款出借给李某某用于建房作了约定并进行了公证，该公证书是双方真实意思表示，不违反法律强制性规定，合法有效。但李某某离婚后也无其他住所，而且系二级残疾，根据《婚姻法》第42条"离婚时，如一方生活困难，另一方应从其住房等个人财产中给予适当帮助。具体办法由双方协议；协议不成时，由人民法院判决"以及《婚姻法司法解释一》第27条"婚姻法第42条所称'一方生活困难'，是指依靠个人财产和离婚时分得的财产无法维持当地基本生活水平。一方离婚后没有住处的，属于生活困难。离婚时，一方以个人财产中的住房对生活困难者进行帮助的形式，可以是房屋的居住权或者房屋的所有权"之规定，本案中，李某某因工作摔伤致二级残疾，离婚后再无其他住处，符合上述规定。刘某某、李某某共盖有房屋5间，南北坐向，结合本案的实际情况，将其中两间套1间归刘某某所有，另外2间归李某某所有。李某某向刘某某借款4万元，是用于双方房屋建设，双方房屋建设共计花费78 000元，而且刘某某、李某某建房的宅基地是李某某父亲用自己的1亩田和邻居兑换所得，且刘某某也从中分得3间房屋，刘某某让李某某返还其4万元的借款无事实及法律依据，不予支持。综上判决：①准予刘某某与李某某离婚；②婚生女李某由刘某某抚养，抚养费由刘某某自行负担；③位于某处房屋5间南北坐向，其中，两间套1间归刘某某所有，另外2间归李某某所有。

宣判后，刘某某不服向中卫市中级人民法院上诉称：李某某与刘某某分居期间，一直在其父母家居住，李某某并不存在无其他住所的事实，位于中卫市东园镇瑞应村二队房屋5间应判归刘某某所有。李某某辩称，李某某因工残疾，没有居所，应属离婚时生活困难的一方。

中卫市中级人民法院认为：关于涉案房屋的分割问题，按照刘某某、李某某2010年4月13日对夫妻财产约定协议进行的公证，该房屋应归刘某某所有，但李某某因打工致肢体二级残疾，丧失了大部分劳动能力，且李某某离婚后也无其他住所，故原审法院依照婚姻法及其司法解释的相关规定，将涉案房屋中的2间判归李某某所有并无不妥，本院予以维持。刘某某认为李某某与其分居后一直在其父母家居住，应视为李某某还有其他住所的上诉理由无事实依据，本院不予支持。最终判决驳回上诉，维持原判。

[法律问题]

1. 离婚经济帮助制度中关于房屋有哪些特别规定？

2. 以房屋的居住权或所有权提供离婚经济帮助有哪些适用上的困难？

[重点提示]

关于经济帮助制度中的房屋问题，《婚姻法司法解释一》第27条及《最高人民法院关于人民法院审理离婚案件处理财产分割问题的若干具体意见》第14条等都有相关规定。但是值得注意的是，离婚是双方因感情破裂无法共同生活的结果，我国大多数家庭均为两代同堂，以居住权提供帮助，继续共居一房，不仅没有达到当事人离婚的目的，而且容易给各方的生活与安全造成新的隐患，不利于和谐家庭的构建。此外，现行法律对居住权的期限、解除居住权的条件均无规定，可能会造成实践中的操作困难。[1]

三、离婚损害赔偿

经典案例

孟某某与周某某离婚纠纷案

经典案例
判决书原文

[基本案情]

　　周某某与孟某某系于 1986 年 12 月 30 日结婚，1987 年 2 月 26 日补办结婚证。1987 年 10 月 30 日，孟某某生育一名女孩周某乙。2009 年春节期间，周某某驾车载孟某某及女儿周某乙在返哈途中发生交通事故，致使周某某胸背、腿部多处骨折。2009 年，周某某在治疗过程中突发脑梗失语，现生活不能自理。此后，周某某与孟某某的家中财物均由孟某某管理。2014 年 6 月初，周某某与孟某某因家庭琐事发生纠纷。2014 年 6 月 16 日，周某某与孟某某及女儿周某乙共同到哈尔滨工业大学医院司法鉴定中心做亲缘关系鉴定。2014 年 7 月 2 日，哈尔滨工业大学医院司法鉴定中心作出哈工大医司鉴（201×）物鉴定第×××号司法鉴定检验报告书，其鉴定结论为：经 DNA 检验周某某与周某乙之间不存在亲缘关系、孟某某与周某乙之间存在亲缘关系。周某某诉至哈尔滨市道里区人民法院，请求准予周某某与孟某某离婚；赔偿周某某对孟某某女儿周某乙的抚养费、教育费、医疗费，共计 59.7 万元；孟某某赔偿周某某精神损失费 100 万元以及对夫妻共同财产以照顾无过错方的原则进行分割等。

　　一审法院哈尔滨市道里区人民法院认为：周某某与孟某某系合法夫妻关系，婚后夫妻应当互相忠实，互相尊重，因周某某对孟某某女儿周某乙无法定抚养义务，周某某在其不

————————

　　〔1〕　参见宋豫、陈鸣："离婚经济帮助制度的立法缺陷及其完善"，载《法学杂志》2008 年第 3 期。

知情的情况下与孟某某共同抚养周某乙成年，孟某某故意隐瞒事实的过错行为，给周某某造成了重大的精神损害，侵害了周某某的人格尊严，故周某某要求孟某某赔偿其对周某乙的抚养费及精神抚慰金的诉请，符合法律规定，予以支持。周某某主张的抚养费和精神抚慰金，根据实际的抚养时间、生活环境、抚养条件、精神遭受伤害程度等实际情况酌情予以确定，孟某某应赔偿周某某对周某的抚养费 15 万元及精神抚慰金 5 万元。因孟某某未能履行夫妻间互相忠实的义务，对此次婚姻关系破裂存有重大过错责任，且周某某现患有疾病又生活不能自理，故在家庭财产分割上以保护无过错和生活困难一方为宜，判决双方按照 3:7 比例进行共同财产的分割。

宣判后，双方均表示不服，向哈尔滨市中级人民法院提起上诉。其中，孟某某上诉称：

（1）法律对婚姻中的过错有严格的规定。《婚姻法》第46 条规定："有下列情形之一，导致离婚的，无过错方有权请求损害赔偿：①重婚的；②有配偶者与他人同居的；③实施家庭暴力的；④虐待、遗弃家庭成员的。"对照上述法律规定，孟某某不具有过错。

（2）一审判决在判决上诉人赔偿的基础上还对财产按照三七比例进行分割，是对孟某某的双重惩罚。按照现行法律规定，即使夫妻一方有造成夫妻感情破裂的过错行为，也与分割夫妻共同财产之间没有必然关系，过错行为并不影响平等分割夫妻共同财产的权利。一审判决称夫妻共同财产按照三七比例分割，实际却按照二八比例分割，尤其体现在对房产的分割上。修正后的《中华人民共和国婚姻法》并没有设立"照顾无过错方"的财产分割制度，该法第 39 条第 1 款明确规定："离婚时，夫妻的共同财产由双方协议处理；协议不成时，由人民法院根据财产的具体情况，照顾子女和女方权益的原则判决。"一审判决确定的按照三七比例分割夫妻共同财产原则，其理由一是保护无过错方，二是照顾生活困难。上述理由违反法律规定，根本不能成立，一审判决未能体现对妇女权益的保护，即使孟某某有过错，至少也应当受到平等的保护。

针对孟某某的上诉，周某某辩称：①一审法院判决孟某某对周某某承担精神损害赔偿责任正确。赔偿精神损失与《婚姻法》第46条规定的离婚损害赔偿不同，婚姻关系存续期间与他人通奸生育子女并不一定构成婚外与他人同居的赔偿要件，即通奸生育子女与持续、稳定的共同居住不能等同。本案中，判决孟某某承担精神损害赔偿责任的依据是《中华人民共和国民法通则》《中华人民共和国侵权责任法》和《最高人民法院关于确定民事侵权精神损害赔偿责任若干问题的解释》的规定。②一审判决对于无过错方在财产分割时给予照顾符合法律规定。《最高人民法院关于人民法院审理离婚案件处理财产分割问题的若干具体意见》确立了照顾无过错方原则，《婚姻法》修改后，该规定并未废止。孟某某认为无过错方既然请求离婚损害赔偿，就不应在分割共同财产时适用照顾无过错方的原则，属对法律理解错误。

［法律问题］

1. 离婚损害赔偿制度的适用范围和制度价值是什么？
2. 本案中，当事人的损害赔偿请求权是否有法律依据？

［参考结论与法理精析］

（一）法院意见

黑龙江省哈尔滨市中级人民法院认为，双方当事人诉争的焦点问题为：孟某某在婚姻关系存续期间是否存在过错；一审判决按照三七比例分割夫妻共同财产是否正确；一审法院判决孟某某给付周某某的抚养费、精神抚慰金数额是否正确等。

关于孟某某在婚姻关系存续期间是否存在过错问题。孟某某在一审诉讼中自认，其与周某某系 1986 年 12 月 30 日结婚，1987 年 2 月 26 日补办的结婚证，周某某对此并无异议。二审中，孟某某虽对上述时间予以否认，但未提交相反证据足以推翻其在一审中的自认，故本院对其一审中关于结婚时间的自认予以确认。《最高人民法院关于适用〈中华人民共和国婚姻法〉若干问题的解释（一）》第 4 条规定："男女双方根据婚姻法第 8 条规定补办结婚登记的，婚姻关系的效力从双方均符合婚姻法所规定的结婚的实质要件时起算。"1986 年 12 月 30 日，周某某与孟某某均符合法定的结婚年龄，故婚姻关系的效力应从该时间起算。孟某某女儿周某出生日期为 1987 年 10 月 30 日，为其结婚后第 11 个月出生，现经鉴定周某乙与周某某之间不存在亲缘关系，孟某某于诉讼中亦未提交证据证明其孕育女儿存在医学上的特殊情况，故一审判决认为孟某某在婚姻关系存续期间违反了《婚姻法》规定的夫妻之间应当互相忠实的法定义务，存在过错并无不当。

关于一审判决按照三七比例分割夫妻共同财产是否正确问题。《婚姻法》第 39 条规定的离婚时判决分割夫妻共同财产应遵循照顾子女和女方权益的原则，为离婚诉讼中分割夫妻共同财产的一般原则。而因夫妻一方的过错行为导致离婚的，应当适用照顾无过错方原则，使其在财产上适当多分一些，以体现法律的公平正义。本案中，系因孟某某违反了夫妻之间互相忠实的法定义务，存在过错而导致离婚，因此，一审法院适用照顾无过错方的原则，按照三七比例分割夫妻共同财产并无不当。

关于一审法院判决孟某某赔偿周某某的抚养费、精神抚慰金数额是否正确问题。周某某在不知情的情况下，抚养了非亲生子女，代替孩子的亲生父亲履行了法定的抚养义务，在得知事实真相后，追索以前支付的抚养费并无不当。因孟某某在婚姻关系存续期间违反夫妻之间互相忠实的法定义务，对周某某精神上造成巨大伤害，周某某依据《中华人民共和国民法通则》及最高人民法院《关于确定民事侵权精神损害赔偿责任若干问题的解释》的规定，请求孟某某赔偿其精神损失亦符合法律规定，故一审法院根据本案实际情况判决孟某某赔偿周某某抚养周某的抚养费 15 万元及赔偿周某某精神抚慰金 5 万元，并无不当。

综上，一审判决认定事实清楚，适用法律正确，判决如下：驳回上诉，维持原判。

（二）离婚损害赔偿制度

我国《婚姻法》第 46 条规定："有下列情形之一，导致离婚的，无过错方有权请求损害赔偿：①重婚的；②有配偶者与他人同居的；③实施家庭暴力的；④虐待、遗弃家庭成员的。"与家务补偿制度相同，离婚损害赔偿制度也是在 2001 年《婚姻法》进行修订时所新增加的离婚救济制度。离婚损害赔偿的目的是当配偶一方的过错行为导致另一方受到物质或精神损害的情况下，在离婚时，使过错方配偶给予受害方以损害赔偿。增设离婚损害赔偿制度不仅是顺应国际立法的大趋势，也是对我国法律实践需要的积极回应。

离婚损害赔偿的功能主要表现为填补受害人的损失，使当事人的权益得到救济；对受害方提供经济补偿和经济抚慰的双重安慰；以及对侵犯配偶权利的违法行为起到制裁和预防的作用，有一定警示与教育意义。

传统的民法理论认为，所谓的离婚损害可以分为两种：离因损害和离异损害。"夫或妻之行为，不但构成离婚原因之事实，同时又构成侵权行为时，可基于侵权行为而请求损害赔偿，例如虐待或杀害之意图，系对生命权、身体权、人格权之侵害，而重婚、通奸或恶意之遗弃等，乃违反贞操义务、同居义务或扶养义务，实侵害配偶之为配偶之权利，自可本于侵权行为而请求损害赔偿，此系离因损害赔偿，但婚姻关系存续期间不得请求；惟因判决离婚之损害赔偿请求，纵令不具备侵权行为之要件，仍可仅以'离婚'为直接原因而成立，例如夫妻之一方因被处刑，或因虐待对方之直系尊属而判决离婚时，纵令此原因事实非直接对他方而作，但他方若因此不能继续婚姻关系者，又夫妻之一方，受他方之直系亲属之虐待时，他方有阻止之义务而不予阻止，致使离婚者，均可谓为有违法性，而使他人丧失其为配偶之权利，故亦可请求损害赔偿，此系离异损害赔偿。"[1] 简言之，离因损害是指"夫妻一方的行为是构成离婚原因的侵权行为时，他方可请求因侵权行为所生的损害赔偿"[2] 例如，因重婚、通奸等违反贞操义务的行为侵犯对方的配偶身份权；离异损害则是指"离婚本身即构成损害赔偿的直接原因"[3] 例如，一方虐待另一方的亲属导致双方离婚，此时过错方并没有构成对其配偶的侵权行为，但是该配偶可以就离婚这件事本身请求损害赔偿。关于目前我国《婚姻法》第46条所规定的离婚损害赔偿制度是属于离因损害赔偿还是离异损害赔偿，理论上存在较大分歧。

（三）离婚损害赔偿请求权与一般侵权损害赔偿请求权

上述"孟某某与周某某离婚纠纷案"中，我们可以发现，从婚姻法的角度来看，孟某某的行为并不符合《婚姻法》第46条规定的具有法定离婚损害赔偿请求权的情形。根据《婚姻法》第46条的规定，违反夫妻间忠实义务的行为中，只有构成重婚或是有配偶者与他人同居的才可以申请离婚损害赔偿，所谓的"有配偶者与他人同居"，《最高人民法院关于适用〈中华人民共和国婚姻法〉若干问题的解释（一）》第2条指出，是指有配偶者与婚外异性，不以夫妻名义，持续、稳定地共同居住。本案中，孟某某仅是在婚姻关

---

〔1〕 戴炎辉、戴东雄：《中国亲属法》，三民书局2001年版，第332页。
〔2〕 余延满：《亲属法原论》，法律出版社2007年版，第362页。
〔3〕 余延满：《亲属法原论》，法律出版社2007年版，第362页。

系存续期间与配偶之外他人有通奸行为，并没有"持续、稳定地共同居住"。因此，孟某某在上诉中辩称其不具有过错行为。本案中的周某某同样意识到了这个问题，因此在诉请赔偿时不以《婚姻法》第 46 条为法律依据，而是以《中华人民共和国民法通则》《中华人民共和国侵权责任法》《最高人民法院关于确定民事侵权精神损害赔偿责任若干问题的解释》等为依据，认为孟某某的行为构成一般侵权行为，对其造成了精神损害，最终获得了精神赔偿款。那么，在此类离婚纠纷中，是否可以适用一般侵权理论诉请赔偿呢？

　　事实上，在进行相类似案例（即以不构成重婚、同居的单纯通奸行为为由请求损害赔偿的案件）检索的过程中，不乏类似的诉讼请求，但是大部分案例中无过错方的损害赔偿请求没有得到支持，在这些判决中，法院均认为，虽然当事人的通奸行为违反了夫妻间忠实义务，但是此并非《婚姻法》第 46 条规定的具有离婚损害赔偿请求权的法定情形之一，其不能够获得赔偿。

　　在判决支持无过错方针对对方通奸行为提出的损害赔偿请求的法院中，部分法院直接适用《婚姻法》第 46 条判决支持，但未说明扩充解释的正当性。部分法院直接依据《婚姻法》第 4 条中"夫妻应当相互忠实"的概括性条款进行判决，亦略显牵强；亦有部分法院与本文案例中哈尔滨市中级人民法院做法一致，以《中华人民共和国民法通则》《中华人民共和国侵权责任法》《最高人民法院关于确定民事侵权精神损害赔偿责任若干问题的解释》等规制一般侵权行为的法条判决过错方承担损害赔偿责任。

　　在学理讨论中，亦有相当一部分学者认为此种情况下不应当赋予无过错方损害赔偿请求权，其理由主要是：单纯的通奸行为危害性小于重婚、有配偶者与他人同居，法律将损害赔偿请求权限定在后两种情况下，是划清了法律与道德管辖的界限，通奸行为违反了道德义务，也违反了法定的夫妻间忠实义务，但是其严重程度不足以让法律科以其损害赔偿责任。但是值得注意的一点是，有时单纯通奸行为也可能对无过错配偶一方造成严重的损害后果，例如，本案中的孟某某与他人通奸怀孕产子，但对丈夫周某某隐瞒实情，以致周某某对孩子抚养多年之后才发现真相，即所谓的"欺诈性抚养"，这不仅造成了周某某一方的经济损失，还对其造成了严重的精神损害，甚至可能超过妻子孟某某重婚或与他人同居。此种类似情形之下，如果不赋予无过错方损害赔偿请求权似乎有失公平。此时通过适用《侵权责任法》等相关法律，判定孟某某构成侵权造成周某某的精神损害，以此对周某某的损失进行弥补赔偿，可能更加能体现法律的公平与一致性，体现了《婚姻法》《侵权责任法》共同作为民法之部分的体系化特征。同时，也说明了现行《婚姻法》规定之不周延。

本案中，既判决了精神损害赔偿，又在财产分割之时对受害方进行了倾斜性保护，是否构成了对过错方的双重惩罚，对无过错方的重复救济？这个问题确实值得进一步研究。

▶ 拓展案例

谢某某与魏某某侵权责任纠纷案

[基本案情]

原告谢某某与苏某原系夫妻关系，被告魏某某与原告谢某某为同事且系同村村民。2015年1月15日，被告魏某某在明知原告与苏某系夫妻关系的情况下与苏某在租住房屋内发生不正当关系，原告谢某某当场发现二人上述行为。上述事情发生后，原告谢某某及苏某本人或通过他人多次与被告魏某某通过电话协商以及当面交谈的方式，商讨如何解决双方的矛盾纠纷。经多方协调，苏某与魏某某经商谈达成一致，同意以6万元解决双方的纠纷。2月7日被告魏某某从

拓展案例
判决书原文

银行取款 4 万元，并出具金额 2 万元借条交给双方矛盾协调人谈某某，由谈某某交给苏某。2 月 10 日，谈某某出具证明一份，证明其已将上述现金及借条转交给苏某。同日，被告魏某某与苏某签订协议书一份。2 月 10 日，原告谢某某与苏某在江都区民政局办理了离婚登记。审理中，原告谢某某撤回了对苏某的起诉。

原告谢某某认为被告魏某某在明知道苏某与原告是夫妻关系的情况下，调戏苏某、挑拨双方之间的合法婚姻，被告魏某某的行为侵犯了原告的配偶权。现原告与苏某离婚，使原告的身心受到极大的损害，加之原告怀疑被告魏某某与苏某有不正当关系，为了查获被告与苏某之间的不正当关系，原告一年都没有上班，故诉至法院要求被告魏某某赔偿原告精神损失及误工费合计 10 万元，苏某赔礼道歉，并由被告承担本案的诉讼费用。

被告魏某某辩称：对原告所述被告魏某某与苏某发生不正当关系的事实没有异议。依据《婚姻法》的规定，原告只能向苏某即有过错方提出，而不能向第三人提出赔偿或其他要求。原告将魏某某列为本案被告，无任何法律依据，因此请求法院驳回原告诉讼请求。

江苏省扬州市江都区人民法院认为：夫妻应当互相忠实，互相尊重。在夫妻关系存续期间，配偶双方基于夫妻的特殊身份而相互享有身份权益。本案中，苏某在婚姻关系存续期间与被告魏某某发生不正当关系，其行为违反了夫妻应当互相忠实的义务。苏某和被告魏某某的行为给原告谢某某造成精神痛苦和创伤，也是导致苏某与谢某某离婚的重要原因。苏某的行为侵犯了原告的合法权益，对原告造成了一定的精神损害，理应承担相应的侵权责任。因过错导致离婚的，无过错方有权向过错方请求损害赔偿，损害赔偿包括物质损害赔偿和精神损害赔偿，但法律规定承担赔偿责任的主体应为无过错方的配偶。原告在庭审中撤回对苏某的起诉，是其对要求苏某承担侵权责任的权利的放弃，于法不悖，本院予以准许。至于原告要求被告魏某某承担精神损害赔偿责任，以及主张为了查清被告魏某某与苏某之间的关系，一年时间没有上班，要求被告魏某某承担其误工损失等要求，本院认为原告的主张无法律和事实依据，不予支持。

据此，依照《中华人民共和国民法通则》第 5 条，《中华人民共和国婚姻法》第 4 条、第 46 条，《最高人民法院关于适用〈中华人民共和国婚姻法〉若干问题的解释（一）》第 28 条、第 29 条第 1 款的规定，判决驳回原告谢某某的诉讼请求。

[**法律问题**]

1. 夫妻之外第三人侵犯配偶权导致离婚的，无过错方是否可以向该第三人请求赔偿？

2. 结合上述两个案例，你认为一般侵权理论在婚姻法领域适用是否存在法理障碍？

[**重点提示**]

如果认为第三人对无过错方构成侵权，那么首先需要明确的是第三人侵权的客体为何。是无过错方的配偶权、人格利益抑或其他？目前我国的司法审判实践中对于对第三者的损害赔偿请求权普遍持否定态度，最高人民法院负责人也曾公开表示无过错方的损害赔偿不能向第三者请求。[1] 但是，一般侵权责任认定能否在婚姻法领域进行适用仍是一个值得深入思考的问题。

---

〔1〕 2001 年 12 月 28 日，最高人民法院民事审判一庭负责人就《中华人民共和国婚姻法》司法解释答记者问中指出，无过错方的此项请求（《婚姻法》第 46 条所规定的离婚损害请求权）只能以自己的配偶为被告，不能向婚姻以外的其他人提出。实践中，有些人认为该条规定可以适用于不告自己的配偶，而是告第三者，或者把配偶和第三者都作为被告，根据立法的本意，这些理解都是不正确的。

第九章　遗嘱的要件

🖋 知识概要

遗嘱是自然人处分其个人财产的方式之一，并且于遗嘱人百年之时才发生效力，此时丧失了当事人本人确定的可能性，因此遗嘱之真实性必须得以保证。法律从形式要件与实质要件两方面的规定以规范遗嘱之真实性，并且比普通的法律行为要求更高更严，自有其逻辑与价值判断。

我国《继承法》对遗嘱的形式进行了严格的规定，只承认法定的五种形式。然而，随着科技的进步与发展，计算机愈来愈普及，运用电子打印技术替代传统书写方式的现象屡见不鲜，打印遗嘱在实务中屡见不鲜，需要立法与司法的正确回应。此外，《继承法》也承载了家庭伦理之价值，因此遗嘱的自由也受一定的限制，在内容上也有别于其他场合的财产的处分。

一、遗嘱的形式要件

➡ 经典案例

石某甲与石某乙法定继承纠纷案

[**基本案情**]

石某乙与黄某乙于××年××月××日登记结婚，婚后生育女儿石某甲。黄某乙于 2013 年 5 月 3 日去世。

经典案例
判决书原文

上诉人（原审原告）石某甲不服与被上诉人（原审被告）石某乙法定继承纠纷一案的一审判决，遂提起上诉。

原审法院认为，本案争议焦点为石某乙和黄某乙于 2013 年 4 月 8 日所立遗嘱是否合法有效。结合石某甲、石某乙双方的本证和反证，石某乙主张该遗嘱是其本人和黄某乙于 2013 年 4 月 8 日所立遗嘱，黄某乙打字比较好故遗嘱由黄某乙打印好后由双方签字确认。因石某甲在立遗嘱当天并未和父母在一起，事后也未从父母及其他亲属处听说过该遗嘱，故对该遗嘱不知情。而 2014 年春节团拜会期间，石某乙曾将该遗嘱向黄某乙的兄弟出示过，结合亲属的证言及书面回复意见可以认定该事实的存在。石某甲虽否认该遗嘱的真实性，但仅提供了黄某乙 2013 年 4 月 13 日、4 月 19 日的病历，并无其他反证。石某甲、石某乙双方所提供的 2013 年 4 月 13 日黄某乙在博济医院的相关病历都记载了 2013 年 4 月 13 日也即本案遗嘱发生日之后五天时黄某乙"神志清楚，对答切题""神志清楚，查体合格"，由此可以推定，黄某乙在 2013 年 4 月 8 日病情尚未发作时，尽管身体存在病症，但其神志清楚，并不妨碍其制作、打印并签署遗嘱，何况双方均确认黄某乙本身打字较好会使用五笔，这和石某乙的陈述遗嘱由黄某乙所打字相一致。事后石某乙也将该遗嘱向黄某丙等亲属出示，足以认定该遗嘱的真实存在。石某甲对遗嘱真实性的质疑并要求鉴定的请求，仅是对遗嘱的真实存在有所怀疑或不确定，并无其他有证明力的反证来推翻该遗嘱的证明力，不符合《最高人民法院关于〈中华人民共和国民事诉讼法〉的解释》（以下简称《民事诉讼法司法解释》）第 108 条第 2 款之规定。石某甲所提出的鉴定申请属于《民事诉讼法司法解释》第 121 条第 1 款"当事人申请鉴定，可以在举证期限届满前提出。申请鉴定的事项与待证事实无关联，或者对证明待证事实无意义的，人民法院不予准许"之情形，对此原审法院不予准许。2013 年 4 月 8 日所立遗嘱有石某乙和黄某乙的共同签字确认及指印。依据《最高人民法院关于贯彻执行〈中华人民共和国继承法〉若干问题的意见》第40条"公民在遗书中涉及死后个人财产处分的内容，确为死者真实意思的表示，有本人签名并注明了年、月、日，又无相反证据的，可按自书遗嘱对待"之规定，该遗嘱系石某乙和黄某乙所立的共同遗嘱，现黄某乙已去世，该遗嘱具有相应的法律约束力，合法有效。

综上，判决：①登记在被告石某乙名下位于越秀区××××××房和登记在石某乙和黄某乙两人名下的白云区××××××房的全部产权份额由被告石某乙所有。②驳回原告石某甲的全部诉讼请求。

判后，上诉人石某甲不服，提起上诉。

被上诉人石某乙答辩称：同意原审判决，不同意石某甲的诉讼请求，房屋应当根据黄某乙的生前遗嘱由石某乙一人继承。①黄某乙在当时是完全有能力立遗嘱的，她去世前后的情况，医院的鉴定写得很清楚，这些证据全部是有医院的盖章的。遗嘱是由黄某乙自己打印出来的，所以属于自书遗嘱。②遗嘱的产生是因为石某乙身体状况不佳，黄某乙要求写并签字，签名笔迹是黄某乙的，可以拿去做鉴定。

[法律问题]

1. 一审法院依据《最高人民法院关于贯彻执行〈中华人民共和国继承法〉若干问题的意见》第40条，将该《遗嘱》按自书遗嘱对待是否正确？

2. 应如何认定打印遗嘱这一非法定遗嘱形式的效力？

[参考结论与法理精析]

（一）法院意见

二审法院认为：

1. 一般理解，遗嘱是指遗嘱人生前对其遗产或者其他事务所作的个人处分，并于遗嘱人死亡时发生效力的法律文件。本案黄某乙和石某乙两人所达成的《遗嘱》中，抬头注明"遗嘱"，其下列"立遗嘱人：石某乙、黄某乙"，内容为立遗嘱人死后的财产归属问题，因此显然属于遗嘱，而非普通的遗书。原判适用《最高人民法院关于贯彻执行〈中华人民共和国继承法〉若干问题的意见》第40条的规定，认定黄某乙和某炳所立《遗嘱》为遗书，按自书遗嘱对待，定性有误，本院予以纠正。

2.《中华人民共和国继承法》第17条第2款规定，自书遗嘱由遗嘱人亲笔书写，签名，注明年、月、日。本案中，《遗嘱》为打印体，并非遗嘱人亲笔书写，因此不属于自书遗嘱。石某乙辩称《遗嘱》是由黄某乙自己打印出来的，所以属于自书遗嘱，与继承法对自书遗嘱的要求"亲笔书写"不符；同时，石某乙亦未能举出足够的证据证实《遗嘱》是由黄某乙亲自打字、打印出来，故对石某乙关于《遗嘱》属于自书遗嘱的主张，本院不予采信。同时，《遗嘱》亦非代书遗嘱。因此，本案之《遗嘱》不符合遗嘱法定的形式要求，或称不具备法定的形式要件，为无效遗嘱，黄某乙之遗产应按法定继承处理。另外，由于《遗嘱》因不符合法定的形式要求而被确认无效，其内容及黄某乙签名的真实性在本案中无需加以审查。

（二）打印遗嘱与自书遗嘱

司法实践中，对打印遗嘱的效力素有争议。部分人士支持打印遗嘱的效力，认为打印遗嘱作为时代的产物，虽然不满足我国《继承法》对于遗嘱的形式要件之规定，但能够通过合理的法律解释对其法律属性加以确定。要式遗嘱（满足一定的形式要件）的立法目的并不排除遗嘱书写工具的变化[1]。如果打印遗嘱本身经过严格的程序由遗嘱人制作而成，或者嗣后可以通过证据证明遗嘱内容的真实性与合法性，承认打印遗嘱有效便无可厚非。反而，若仅仅因为遗嘱的书写工具不属于《继承法》明文规定的"笔"，认定其为非法定型遗嘱而降低其效力位阶，甚至被认定为无效，这都明显与人权保护的时代精神不吻合[2]。

《继承法》第17条第2款规定："自书遗嘱由遗嘱人亲笔书写，签名，注明年、月、日。"打印遗嘱与传统自书遗嘱的根本区别在于书写工具与方式的变化。打印遗嘱显然无法满足"亲自书写"的要求。《继承法》对遗嘱的行使要件作出明确的规定，具有充分的立法理由：遗嘱的特殊性，在于其生效之时，即为遗嘱人身故之时，此时已经"死无对证"了，因此，比普通的法律行为要求更高的形式要件，是为了确保其"真实性"。立法必然会存在一定的僵化性，从而导致在个案中产生不合理之状况。但是如果突破严格的形式主义而例外地承认打印遗嘱的效力，那么今天承认了打印遗嘱，明天可能会面对QQ空间遗嘱，后天就不得不面对微信朋友圈遗嘱，从而以司法中个案承认名义彻底颠覆遗嘱的形式严格主义立法。

拓展案例

姜甲等与吴甲继承纠纷案

[基本案情]

吴甲于2010年5月24日以其依法享有继承权为由，向原审法院提起诉讼，请求依法确认坐落于宁波市江北区甬江

拓展案例
判决书原文

---

[1] 李春伟、邹久安："打印遗嘱的法律属性与法律效力"，载《人民法院报》2014年10月30日，第7版。

[2] 李春伟、邹久安："打印遗嘱的法律属性与法律效力"，载《人民法院报》2014年10月30日，第7版。

街道路某某吴家的房屋中 31.6 平方米归其所有。审理中，因涉案房屋被拆除，物权灭失，经法院释明，吴甲明确诉讼请求为判令其按照确权面积 244.91 平方米继承其应得到的份额，并要求款项一次性到位。一审法院审理认为：被告姜甲、姜乙、姜丙提供的打印遗嘱，姜甲、姜乙、姜丙认为是根据邵某某亲笔所书的遗嘱进行打印，应为自书遗嘱，且签名系被继承人邵某某所签，应为真实有效；原审法院认为姜甲、姜乙、姜丙未能提供邵某某本人亲笔所书遗嘱，且遗嘱打印不是邵某某本人操作，如姜甲、姜乙、姜丙所言，邵某某在签名都需要人帮助的情况下能够亲自书写遗嘱不符合生活常理，故该份遗嘱难以认定是自书遗嘱；关于遗嘱上签名问题，姜甲、姜乙、姜丙称系姜甲扶着邵某某的手所签，此种情况下，邵某某行动能力受到限制，该签名是否为其真实意思表示不能认定；综上，该份遗嘱因其形式上存在缺陷，见证人证言真实性亦不能确认，该遗嘱无法反映被继承人邵某某真实意思表示已达高度盖然性，故对该遗嘱不予认定。

姜甲、姜乙、姜丙因此提起上诉。

二审对原审法院认定的事实予以确认。二审法院根据双方当事人的诉辩意见，本院对本案的争议焦点归纳并评析如下：本案应按遗嘱继承处理还是按法定继承处理？本院认为，姜甲、姜乙、姜丙虽称打印遗嘱系根据被继承人邵某某的自书遗嘱打印，应认定为自书遗嘱，但姜甲、姜乙、姜丙未能提供被继承人邵某某亲笔所写的自书遗嘱，而打印遗嘱虽有被继承人邵某某的签名和捺印，但是根据姜甲、姜乙、姜丙的陈述，被继承人邵某某是由姜甲扶着手签名的，此种情况下，签名是否为被继承人邵某某的真实意思不能认定，同理可知，打印遗嘱上被继承人邵某某的捺印也不能确定是否为其真实意思表示，故本院对该份书面遗嘱不予认定。姜甲、姜乙、姜丙辩称，被继承人邵某某立遗嘱时有 2 个见证人在场，可视为被继承人邵某某立有口头遗嘱，且真实有效。本院认为，遗嘱人在危急情况下，可以立口头遗嘱，危急情况解除后，遗嘱人能够用书面或者录音形式立遗嘱的，所立的口头遗嘱无效。根据姜甲、姜乙、姜丙以及见证人对立遗嘱过程的描述，遗嘱人当时情况尚可，能够用书面或者录音形式立遗嘱，因此，即使有两位见证人，被继承人邵某某的口头遗嘱也是无效的。综上，姜甲、姜乙、姜丙未能举证证明被继承人邵某某立有真实有效的遗嘱，故本案应按法定继承处理。

[法律问题]

本案中，遗嘱效力应该从哪些角度去考量？

[重点提示]

本案中，一审、二审法院都从行为能力的角度否认了打印遗嘱的效力。但是都未阐释行动能力受限的情况下推定行为能力欠缺的法律依据。此外，二审中甚至提到当事人当时可以选择代书遗嘱或者录音形式，间接认可了其当时的行为能力，这是一个内容存在矛盾的判决。如果从遗嘱的类型角度出发，本案中更接近哪类遗嘱？《继承法》对遗嘱采"要式法律行为"的严格态度，体现了立法对"遗嘱"效力认定的保守态度。

二、遗嘱的实质性要件

经典案例

于某诉周某等继承纠纷案

[基本案情]

原告于某诉称，原告姥爷刘某甲于 2006 年 3 月 15 日去世，生前立下一份遗嘱并进行了公证，将自己名下房产"石景山区×号"留给周某（被告）。该遗嘱生效时，原告母亲刘某乙系残疾人，生活困难且无生活来源，原告和原告父亲

经典案例
判决书原文

都是残疾人也没有生活来源。原告姥爷刘某甲所立遗嘱应当为原告母亲保留必要遗产份额，原告母亲去世后，原告应当继承该必要遗产份额。现原告一人生活困难，故诉至法院，诉讼请求：请求继承应当为原告母亲刘某乙保留的必要遗产份额。

庭审中，各方当事人一致确认涉案遗嘱生效时间为刘某甲死亡之日，即2006年3月15日。原告于某主张刘某甲所立遗嘱生效时，刘某乙系残疾人，生活困难且无生活来源，该遗嘱应为刘某乙保留必要遗产份额，刘某乙死亡后，原告于某作为刘某乙唯一第一顺位继承人，应继承该必要遗产份额，并提供了单位证明、居委会证明、照片等证据材料佐证，其中关于刘某乙的单位证明记载：刘某乙原是石景山区服务公司待岗职工，2002年5月，服务公司撤销后，划归天翔公司管理，2003年刘某乙月生活费为265元。该证明落款盖章单位为北京市石景山区天翔贸易总公司劳资科，落款时间为2015年6月11日。对此，被告周某认为原告相关证据无法证明涉案遗嘱生效时刘某乙为残疾人，即使刘某乙是残疾人，也无法证明刘某乙当时没有生活来源，且当时原告于某及原告父亲均有工作单位，有生活来源，本案另一被告刘某认可原告于某的相关主张。

[参考结论与法理精析]

（一）法院意见

法院认为：本案的焦点问题是刘某甲所立遗嘱生效时，刘某乙是否处于既缺乏劳动能力又无生活来源的状况，是否应为刘某乙保留必要遗产份额。

根据本案查明的事实，原告提供的证据不足以证明刘某乙在涉案遗嘱生效时缺乏劳动能力，也不足以证明刘某乙在涉案遗嘱生效时无生活来源，且刘某乙在2007年经过诉讼调解分得了刘某甲的适当存款遗产，原告于某也通过转继承继承了刘某乙应当继承的涉案房屋适当份额，故涉案遗嘱未为刘某乙保留必要遗产份额并无不当，本院对原告于某要求继承应当为其母亲刘某乙保留的必要遗产份额的诉讼请求不予支持。

（二）必留份解析

本案是关于必留份之法律适用的争议。

《继承法》第 19 条第 1 款规定："遗嘱应当对缺乏劳动能力又没有生活来源的继承人保留必要的遗产份额。"《最高人民法院关于贯彻执行〈中华人民共和国继承法〉若干问题的意见》第 37 条规定："遗嘱人未保留缺乏劳动能力又没有生活来源的继承人的遗产份额，遗产处理时，应当为该继承人留下必要的遗产，所剩余的部分，才可参照遗嘱确定的分配原则处理。继承人是否缺乏劳动能力又没有生活来源，应按遗嘱生效时该继承人的具体情况确定。"在学理上，我们可以将之称作"必留份"。

上述关于必留份的规定，从条文性质上看，属于强制性规定，即遗嘱中未对缺乏劳动能力又没有生活来源的继承人进行保留的，则遗嘱部分无效：必须先由其法定继承部分财产，其余的才能根据遗嘱确定的规则进行遗嘱继承。

"必留份"的立法宗旨主要是倾向性地保护缺乏劳动能力又没有生活来源的继承人，以给他们一份来自家庭成员的保障。这与我国一度缺乏最基本的社会保障制度且直至今日社会保障制度仍不够完善这一社会现实相关。缺乏劳动能力又无生活来源之人，乃社会弱势群体，理应得到社会包括家庭的支持与帮助。甚至在部分情况下，是行使其抚养义务的体现。

由于现行立法对必留份的规定过于概括，对于"保留多少""没有生活来源的判断标准"等，现实中都只能交给法官自由裁量。

拓展案例
判决书原文

➡ 拓展案例

案例一：陈某某与李某甲、李某乙、
李某丙继承纠纷案

[基本案情]

原告陈某某诉称，原告与李某某系夫妻关系。原告与李某某在婚姻关系存续期间购买了位于攀枝花市东区住房一套，李某某于2014年9月10日因病去世。李某某在与原告结婚之前，已经生育子女，李某某去世后，其子女领取了补偿款，没有支付给原告，原告无业，且年老多病，与李某某的几个子女就李某某的遗产协商无果，现诉至法院请求判令：分割房屋价款4万元（位于攀枝花市东区的房屋估价6万元）、社保抚恤金1万元（李某某过世后，无人到社保局领取抚恤金，该诉求为原告根据死亡抚恤金标准估算），共计5万元；案件受理费由被告承担。

被告李某甲、李某乙、李某丙辩称，自李某某去世至今，三被告未到社保局领取过任何款项，不存在分割抚恤金给原告的说法。李某某与原告在婚姻关系存续期间确有位于攀枝花市东区住房一套，但不同意原告分割该房屋。李某甲、李某乙、李某丙系李某某与原告结婚之前生育的子女。原告与李某某婚后，原告生育一子李某丁，李某某与李某丁于2010年8月3日经华西亲子鉴定中心鉴定为非亲生父子关系，因为此事，李某某一病不起，多次入院，直至2014年9月病逝。李某某在去世之前留下遗嘱，将四川泸县的房子留给原告，攀枝花市东区住房留给大女儿李某甲，李某乙、李某丙尊重李某某的遗愿，认为案涉房屋应该归李某甲所有。原告在李某某生病期间未尽过夫妻义务，李某某的丧事也未出过面，故请求法院驳回原告的诉讼请求。

经审理查明，李某某与陈某某于1961年6月登记结婚，婚后生育李某甲、李某乙、李某丙、张某某4个子女。1975

年 8 月 13 日，李某某与陈某某在内江市人民法院的主持下
调解离婚，并约定婚生子女李某甲、李某乙、李某丙由李某
某抚养，张某某由陈某某抚养。1982 年 9 月 11 日，李某某
与原告登记结婚，1987 年 6 月 4 日，原告生育一子李某丁，
2010 年 8 月 3 日经华西亲子鉴定中心鉴定李某某与李某丁为
非亲生父子关系，李某丁自出生后随原告长期居住在泸县，
其与李某某并未形成抚养关系。李某某与原告在婚姻关系存
续期购买了位于攀枝花市东区房屋一套，原、被告双方确认
该房产市值 5 万元。李某某于 2014 年 9 月 10 日去世。李某
某之子张某某在李某某过世后，声明自愿放弃李某某的遗产
继承，也放弃参加本案的诉讼。

另查明，2014 年 7 月 16 日，李某某所立《遗嘱》载
明："……故我决定：四川省泸县那套房子由我和陈某某共
同出资购买，属于夫妻共同财产，我决定用泸县这套房子我
的份额换取高峰村那套房子陈某某的份额，份额置换后泸县
那套房子归陈某某所有，攀枝花市高峰村的住房归我的大女
儿李某甲所有。"

二审法院认为：公民可以依照《中华人民共和国继承
法》的规定立遗嘱处分个人财产，可以立遗嘱将个人财产指
定法定继承人的一人或者数人继承。《中华人民共和国继承
法》第 26 条第 1 款规定："夫妻在婚姻关系存续期间所得的
共同所有的财产，除有约定的以外，如果分割遗产，应当先
将共同所有的财产的一半分出为配偶所有，其余的为被继承
人的遗产。"《最高人民法院关于贯彻执行〈中华人民共和
国继承法〉若干问题的意见》第 38 条规定："遗嘱人以遗嘱
处分了属于国家、集团或他人所有的财产，遗嘱的这部分，
应认定无效。"李某某的遗嘱，系其亲笔签名确认，注明了
立遗嘱的时间，是其真实意思表示，其符合法律规定的部
分，本院予以支持。本案中，李某某死亡时留下的价值 5 万
元，位于攀枝花市东区住房属李某某与原告婚姻关系存续期

间所得共同财产，双方无约定，属于夫妻共同财产，在分割李某某遗产时，应当将该房屋的一半分出为原告所有，即2.5万元应当为原告所有，另一半的价值2.5万元是李某某去世后的遗产。李某某在其遗嘱中将案涉房屋处分归其女李某甲所有，侵害了原告的房屋所有权，遗嘱中处分原告财产的部分应属无效，其将案涉房屋中属于自己的一半价值处分归其女李某甲所有，系其真实意思表示，并得到了原告认可，本院予以确认。遗产的分割，根据有利于生活需要，不损害财产效用的原则确定，原告现未居住在攀枝花市，案涉房屋归李某甲所有，有利于发挥财产的效用。原告主张分割李某某的社保抚恤金，缺乏事实依据。首先，原、被告均未到社保局领取抚恤金；其次，双方均未提交证据证实社保抚恤金具体金额为多少。基于此，本院对原告的该主张不予支持。被告辩称，李某某处分其遗产时已经用其所有的四川省泸县房屋的一半置换案涉房屋归原告所有的一半，缺乏事实依据，故本院不予采信。据此，依照《中华人民共和国继承法》第5条、第16条、第26条、第29条，最高人民法院《关于贯彻执行〈中华人民共和国继承法〉若干问题的意见》第38条之规定，《中华人民共和国民事诉讼法》第64条之规定，判决如下：①位于攀枝花市东区的住房（登记所有权人：李某某）一套归李某甲继承和所有，李某甲于本判决生效后10日内给付陈某某遗产分割款2.5万元；②驳回陈某某的其他诉讼请求。

[法律问题]

1. 李某某《遗嘱》中对其房屋份额的处分是否有效？
2. 本案中该如何分配财产？需要考虑哪些因素？

[重点提示]

对于夫妻婚姻关系存续期间所得的共同财产，若双方之

前无约定，则属于夫妻共同财产，一方在设立遗嘱时，对该
财产仅享有一半的份额，即无权决定对方份额该如何处分。
遗产分割时，尤其涉及不动产分配时，可根据有利于生活需
要，不损害财产效用的原则来确定归属。

第十章　继承中的物权问题

知识概要

继承是"取得财产的"重要方式之一，因此，继承无法回避物权的问题。继承过程中存在着诸多的物权问题，包括权利的设定，即遗嘱中设定的居住权是否具有物权性质；如果遗嘱人在遗嘱中做了限定，那么继承人是根据遗嘱的约定还是根据立法直接取得所有权的问题。

继承法的中的物权问题，既需要考虑物权法定的问题，也需要考虑遗嘱自由的价值，特别是在承认遗嘱之自由之后果并不损害其他人利益的情形下，是否可以考虑例外性的软化物权法定的苛刻规定。

一、居住权

经典案例

李某某诉孙某某遗嘱继承纠纷案

[基本案情]

原告李某某诉称：原告系李某乙长子。李某乙名下有房屋一户，位于调兵山市晓明镇晓明村，房屋产权证为铁法房执字第 507 号。李某乙于 1995 年与原告母亲袁某某离婚，于 2011 年与被告孙某某结婚。李某乙于 2011 年 8 月 26 日去世，2013 年 9 月 5 日原告母亲袁某某因病去世。原告父亲留有遗嘱，由所有的财产归原告继承，包括上述房屋在内。现

经典案例
判决书原文

被告拒绝原告办理继承，为此原告诉至法院，请求法院依法判决李某乙名下，位于调兵山市晓明镇晓明村的住宅归原告继承。

被告孙某某辩称：被告对原告要求继承的房屋享有永久性的居住权。

法院查明事实如下：

原告李某某与被继承人李某乙系父子关系。李某乙生前遗有位于调兵山市晓明镇晓明村的房屋一户（产权证号为：铁法房执字第 507 号，面积 72 平方米）。李某乙于 1995 年与原告母亲袁某某离婚，于 2011 年 4 月 8 日与被告孙某某登记结婚。李某乙于 2011 年 8 月 26 日去世，2013 年 9 月 5 日原告母亲袁某某因病去世。李某乙生前在调兵山市"148"法律服务所立下遗嘱，内容为：我叫李某乙，今年 59 岁，我一直与我儿子李某某共同生活，儿子对我很孝顺，我爱人孙某某和我登记几个月，但一直没有共同生活。有病仅伺候我 3 天，就不知去向，把家中 5000 元现金全部拿走，对我不管不问。在我百年之后，我把所有的财产（包括丧葬费、抚恤金等）都给我儿子李某某继承，其他继承人无权继承。

又查明，2011 年 3 月 30 日，被继承人李某乙与被告孙某某签订《婚前协议书》，协议约定：①李某乙现有房产一处，地点在晓明村，面积 72 平方米（三间平房）。此房产归儿子李某某所有。②李某乙与孙某某登记结婚后二人有居住权，孙某某在有生之年享有居住权，没有买卖与继承权。③李某乙在百年之后的丧葬费归儿子李某某所有。④李某乙与孙某某从登记之日起公积金归孙某某所有。

[法律问题]

1. 本案中，被继承人所设定的居住权，能否对抗继承人？

2. 本案中的居住权，是否具有物权性质？

[参考结论与法理精析]

（一）法院意见

法院认为，公民可以立遗嘱处分个人财产，被继承人李某乙生前在调兵山市"148"法律服务所立下的遗嘱，是李某乙的真实意思表示，合法、有效。李某乙遗嘱表示所有财产都由儿子李某某继承，所有的财产包括本案讼争的房屋。且遗嘱与《婚前协议书》中对房屋的约定能够互相印证，故原告李某某要求继承李某乙房屋的诉讼请求，本院予以支持。

《婚前协议书》是李某乙的真实意思表示，而且有证明人见证，合法有效。是李某乙在对该房屋拥有所有权的基础上，设定了居住权，将居住权处分给被告孙某某。李某乙在订立遗嘱时对居住权没有进行变更和处分，因此被告对该房屋享有居住权。虽然原告李某某继承该房屋，但是继承权不能对抗居住权。孙某某系李某乙的配偶，有权居住该房屋，居住权的消灭应当至被告孙某某死亡时止。

（二）继承中的居住权

本案中法官最终认可了居住权，但是对于居住权的性质并未定性。

在《物权法》制定的过程中，曾经在 2004 年草案中规定过居住权，作为用益物权之一种。当时草案第 206 条规定："居住权人对他人享有所有权的住房及其附属设施享有占有、使用的权利。"第 207 条规定："设立居住权，可以根据遗嘱或者遗赠，也可以按照合同约定。设立居住权，应当向县级以上登记机构申请居住权登记。"

然后，《物权法》最终并未采纳居住权这一用益物权的类型，因此根据"物权法定"之原则，现行实践中的居住权，并不属于物权之一种。

虽然《物权法》并未采纳，但是，实践中，在家事法领域设定居住权的比比皆是。本案是在婚前协议中约定，然后在继承纠纷中爆发冲突。

婚姻家事法中的居住权，与根据租赁合同形成的居住利益不一样，往往是基于不动产所有权人与居住权人之间的婚姻或者近亲属关系而设立，往往是无偿的，也往往是终身的。此项居住权之存在，对于该不动产之继承人而言，则是一项物上的负担。从民法的角度看，居住权人与继承人之间，并无任何契约关系。从这个角度，居住权存在着强烈的"物权"的性质。

➡ 拓展案例

袁某与王某甲、王某乙等遗嘱
继承纠纷案

[基本案情]

原告袁某与三被告父亲王某丁（1945 年 1 月 20 日出生）于×××年××月××日登记结婚。王某丁于 2015 年 9 月 11 日因病死亡。王某丁生前在纯梁卫生院住院期间，于 2015 年 9 月 6 日，在罗某某、庞某某的见证下，其本人口述，由小儿子王某丙代笔立下遗嘱，遗嘱载明："关于房子问题：老伴必须住到老，如果再走（改嫁）就不能再住，若不走就住下去，只有居住权，没有处置权。财产问题，老伴拿大头，孙子孩子们拿小头。""证明人"罗某某、庞某某，"代笔人"王某丙，"儿子"王某丙、王某乙、王某甲，"老伴"袁某分别在遗嘱上签字，"立遗嘱人"由"代笔人"代庞某某签字。

被告不同意原告长期居住父亲的房屋，房屋是父母的财产。

双方就房屋居住问题产生争议。

拓展案例
判决书原文

[**法律问题**]

本案的遗嘱中对居住权设定了一项"再婚与否"的终止条件，本项条件是否有效？

[**重点提示**]

本案属于典型的为配偶设立了居住权的案例。本案的特殊之处在于对居住权设立了解除条件，即如果配偶再婚则不能再居住。一方面，此项权利的设定，是无偿的，是对继承人的一项负担，并且继承人与居住权人并无任何法律上的赡养义务；另一方面，居住权是基本保障，如果以再婚与否为条件，客观上会影响居住权人的再婚与否的选择。因此，需要在两者之间进行平衡。

二、继承中共有

➡️ 经典案例

张某甲等与张某丁等共有权确认纠纷案

[**基本案情**]

经典案例
判决书原文

张某戊与王某系夫妻，张某戊与王某有三个子女，分别是张某乙、张某丙、张某甲。张某丁是张某丙之子。张某戊与王某共同拥有海淀区蓝靛厂正蓝旗×号房屋。张某戊于1998年去世。2003年6月27日，北京青远房地产开发有限公司与王某签订了《北京市住宅房屋拆迁货币补偿协议》，将上述房屋拆迁，协议中注明房内实际居住人为王某、张某丁、张楠，房屋补偿款为423 145.24元。2003年7月5日，王某签署声明，表示自己愿意用正蓝旗×号房屋拆迁所得的货币补偿款回购该地区住宅房屋，并将所购房屋的产权交张某丁继承，在购买房屋时书写张某丁的名字。当天，张某丁与北京青远房地产开发有限公司签订了蓝靛厂小区住宅楼拆迁认购（期房）购销合同。2005年4月10日，金源公司与张某丁签订了《商品房买卖合同》，张某丁以每平方米5069.63元，总价378 448元购买了位于北京市海淀区世纪城金夕园2号楼2层2B号房屋。2011年7月18日张某丁办理了上述房屋的产权证。另查，王某于2012年2月29日去世。张某甲、张某乙在2003年即已知道蓝靛厂房屋拆迁事宜。

张某甲、张某乙认为正蓝旗×号房屋有部分份额属于张某戊的遗产，上述回迁房应属于张某甲、张某乙与张某丁、张某丙共同共有，现起诉要求法院确认位于海淀区世纪城金夕园×号楼×号房屋为张某甲、张某乙、张某丁、张某丙共有财产。

[法律问题]

1. 张某甲、张某乙的请求是否应当得到支持？

2. 遗产灭失之后，转化物的法律归属应当如何认定？

[参考结论与法理精析]

（一）法院意见

一审法院认为：本案中，张某甲等人在2003年房屋拆迁时即知此事，在其母王某在世时并未对拆迁补偿款及回迁房购置事宜提出异议，现其母去世后二人认为张某丁所有的位于北京市海淀区世纪城金夕园2号楼2层2B号房屋作为回迁购房有其父的财产份额，作为遗产，二人应与张某丙、张某丁共同所有，该房屋系王某私自赠与张某丁的，但其没有证据证明上述主张。通过现有证据可证明王某本人从未取得过上述房屋的所有权，而仅是将上述房屋的购房资格转让给张某丁并使用了正蓝旗×号房屋的拆迁补偿款。故张某甲、张某乙以此为由要求确认位于北京市海淀区世纪城金夕园×号楼×层×号房屋为张某甲、张某乙、张某丙、张某丁共同共有的诉请法院不予支持。据此驳回张某甲、张某乙的诉讼请求。

二审法院认为：首先，关于正蓝旗×号房屋的共有权人问题，因上诉人已经明确拆迁时并不在涉案房屋居住，且该房屋是张某戊与王某共有，因此，上诉人并不是该房屋的共有权人。该房屋在拆迁前张某戊已经去世，且张某戊生前并无遗嘱，故其合法继承人均有继承权，上诉人是合法继承人，有权继承张某戊的遗产。鉴于正蓝旗×号房屋现在已经被拆迁，故拆迁款中属于张某戊遗产部分继承人可以继承。其次，根据当时的拆迁政策，正蓝旗×号房屋的拆迁采用的是货币补偿，并非产权置换。即被拆迁人与拆迁人签订拆迁货币补偿协议。因此，上诉人认为正蓝旗×号房屋与北京市海淀区世纪城金夕园 2 号楼 2 层 2B 号房屋是产权置换，要求确认其为置换后的房屋的共有权人缺乏事实依据，本院不予支持。

（二）遗产灭失之后，转化物的法律归属应当如何认定？

本案中，作为遗产的海淀区蓝靛厂正蓝旗×号房屋被征收之后，诸继承人的所有权因而终止。但是诸继承人的继承利益并不因此而终局性地灭失。

本案中二审法院认为"鉴于正蓝旗×号房屋现在已经被拆迁，故拆迁款中属于张某戊遗产部分继承人可以继承"。此项论述存在诸多法律问题。

1. 被继承人死亡之后，虽然房产未作任何形式上的变更登记，但不能说尚未继承。根据《物权法》第 29 条的规定，此时宜认定诸多继承人已经形成了共有关系。当共有物被征收之后，征收补偿款作为共有物的替代物，仍处于共有状况。

2. 即使认为尚未形成共有，仍处于继承状态，那么能继承的标的，除了部分拆迁款之外，还有"购房资格"。因此，即使用市场价购买，此类购房资格也是针对特定人士的，即原被拆迁房屋的所有权人。本案中，法院的判决显然忽视了这一点。

遗产分割之前发生灭失的情形并不罕见。除了本案中的被征收，还有因第三方侵权而灭失、因自然灾害而灭失、被部分继承人拆除等。在上述情况下，将产生损害赔偿请求权、保险金请求权等请求权。此时，如认定共有关系，相对简单。如果认定为尚处于继承状态，则需要立法进一步对此细化规定。

➡ 拓展案例

王某某与韩某某房屋买卖合同纠纷案

[基本案情]

2008 年 12 月 29 日，原、被告签订协议书一份，协议书约定："孙某甲有房子四间，该人因病去世，其妻韩某某管理，韩某某由女儿孙某乙继承，至今母女同意委托孙某丙全权处理，经介绍处理给王某某所有，其价壹万陆仟陆佰元，款付清，交房产证，至终。"2009 年 1 月份，孙某甲的三个姐姐将该房屋进行了拆除，原告将孙某甲的三个姐姐诉至原审法院，2009 年 5 月 26 日，原审法院作出（2009）坊车民初字第 186 号民事判决书，查明并认定：该房屋在孙某甲死亡后，应由其母、其妻韩某某、其女孙某乙继承，在该房屋未进行遗产分割前，孙某甲的母亲去世，那么她应继承的份额应由孙某甲的三个姐姐继承；该房屋一直未进行遗产分割，仍由各继承人共有，韩某某无权将该房屋转让，王某某与韩某某之间的房屋转让合同无效。判决生效后，原告向被告追要房款，诉至原审法院。

以上事实，有原告提供的协议书、判决书各 1 份，被告提供的合同书 1 份及当事人陈述记录在案为证，经庭审质证，足以认定。

原审法院认为，原、被告之间的房屋转让合同已经被法

拓展案例
判决书原文

院认定为无效合同，无效的合同自始没有法律约束力，所以，对该合同不存在合同解除的问题。合同无效后因该合同取得的财产应当返还。所以，原告要求被告返还 16 600 元房款的诉讼请求，事实清楚，证据充分，予以支持。判决被告韩某某返还原告王某某购房款 16 600 元。

二审审理查明的事实与原审查明事实基本相同。二审法院认为，本案涉诉的房屋一直未进行遗产分割，仍由各继承人共有，韩某某无权私自处分该房屋，故王某某与韩某某之间的房屋买卖合同无效。无效的合同自始没有法律约束力，上诉人应当返还被上诉人因该合同取得的房款 16 600 元。

[法律问题]

各继承人之间是按份共有还是共同共有？共有人之一处分的，其法律效果是什么？

[重点提示]

本案的复杂性在于：标的遗产在分割前发生了转继承，形成了诸多人之间的共有关系。根据《物权法》的规定，共有人对共有的不动产或者动产没有约定为按份共有或者共同共有，或者约定不明确的，除共有人具有家庭关系等外，视为按份共有。本案中，应当认定为共同共有抑或按份共有？不同的认定，对部分共有人对遗产的处分行为的效力是否发生不同的效果？

第十一章　股权的继承

经典案例

原告韩某某、程某乙、程某丙、程某丁诉被告洛阳富地住宅有限公司法定继承纠纷一案

[基本案情]

四原告诉称，被告的原股东程某甲出资 10 万元，成为该公司股东。2012 年 6 月 19 日，程某甲因病去世，四原告为法定继承人，依据《中华人民共和国公司法》，请求依法判令：①四原告继承被继承人程某甲在被告处的股东资格，继承份额为四原告各继承出资额 2.5 万元；②被告向洛阳市工商行政管理局专业分局为原告办理股东登记；③被告承担本案各项诉讼费用。

被告辩称：①被告已召开股东会形成决议，股东去世后继承人不得继承股东资格，股东应遵守股东会决议；②被告已按上述股东会决议内容在 2012 年 4 月 9 日将程某甲股份收购款支付给程某甲继承人韩某某和程某丁，程某甲已无股份。

法院经审理查明，2012 年 6 月 19 日，程某甲去世。程某甲生前出资 10 万元成为被告的股东。2013 年 7 月 30 日，河南省商丘市商府公证处出具的公证书显示，韩某某系程某甲之妻，程某乙、程某丙、程某丁均系程某甲之女。2011 年 8 月 20 日，被告召开股东会通过关于股权转让及修改公司章

经典案例
判决书原文

程决议书，决定"股东因故、因事不能履行股东责任、义务时，如判刑、死亡、丧失思维能力等，其股权不得继承，其股权由公司等值收购"。出席该股东会会议的股东人数所占股权比例超过90%。所有出席会议的股东均在决议上签字。2012年10月9日，被告向程某丁汇款10万元，2012年11月1日原告韩某某向程某丁出具委托书，委托其办理程某甲在洛阳有关企业、股份转售事宜。

[法律问题]

1. 股权作为社员权性质的权利，是否可以继承？

2. 股权继承能否进行限制？

[参考结论与法理精析]

（一）法院意见

法院认为，《中华人民共和国公司法》第75条规定，自然人股东死亡后，其合法继承人可以继承股东资格；但是，公司章程另有规定的除外。该法条在肯定股东资格可以由其继承人继承的同时，也对股东资格继承作出限制。对其可以依法作出限制的即为被告的股东会。股东会在公司章程的范围内有权对股权和转让的条件、方式进行明确、具体约定，这是法律赋予股东会对公司内部的运营机制、治理机制行使自治权力的体现。本案中，被告的股东会已经在2011年8月20日的关于股权转让及修改公司章程决议中明确了股东去世后继承人不得继承其股份。该股东会的决议内容、表决方式、表决比例均不违反国家法律、行政法规，决议内容应属有效。已据此决议修改后的章程虽未备案，但备案并非章程修改的生效要件，故股东的权利义务应当依此决议内容而定。四原告作为程某甲的合法继承人，对程某甲的财产有继承权。但被告股东会上述决议已经明确公司股东死亡后其股东资格不能被继承，故四原告要求继承程某甲在被告处的股东资格的主张，不能成立。四原告要求被告向工商部门为四原告办理股东登记的主张，亦不能成立。根据《中华人民共和国继承法》第 3 条、第 10 条和《中华人民共和国公司法》第 76 条之规定，判决驳回原告韩某某、程某乙、程某丙、程某丁的诉讼请求。

（二）作为遗产的股权

有限责任公司股权本质是一种财产权，尽管含有财产性内容和非财产性内容，但公司的营利性决定了前者是根本性的。那么根据《继承法》中有关遗产的规定，财产权利，至少股权中财产内容的一部分，完全可以作为遗产被继承。

股权中的自益权是财产性权利，而共益权则具备一定的非财产属性，但是"权利转让时，两项权能能不能分别转让，共益权不能脱离自益权独立存在，反之亦然"。[1] 也就是说，股权的两项权能，或者说是财产内容和非财产内容，不能绝对地割裂开来，但是谁占主要地位还是一目了然的，若一项独立的权利有财产和非财产不同的内容，又无法单纯地割裂时，应该以其占更重要地位的属性为主要考虑因素。[2] 公司不同于公益性组织，其设立的目的便是盈利，如何使公司经营过程中得到利益最大化才是股东们关注的根本和核心问题。有限责任公司股东基于共同信任等因素共同出资，但是根本目的还是通过设立公司来获得利润，而股权则是其获得收益的具体和直接体现，也就是说，股权中的财产性质是其根本属性，而非财产性质的权利，更大程度上是为了保障财产利益更好地实现。鉴于股权是一项独立的民事权利，无论是从其目的来看，还是具体到股东具体权利，财产内容都

---

　〔1〕　王跃龙："有限责任公司股权继承之析"，载《政治与法律》2007 年第 6 期。

　〔2〕　史尚宽先生认为："社员权，共益性程度浓厚者，例如无限责任公司的股东之地位，两合公司之无限责任股东之地位，不得继承。在公益法人，以同样解释。反之惟以自益权为内容之社员权，则得继承。股份有限公司及有限公司之股东，即为适例。"参见史尚宽：《继承法论》，中国政法大学出版社 2000 年版，第 160 页。

是最主要的，因此，股权作为一种财产权可以作为遗产成为继承的客体。

（三）股权继承能否进行限制？

与其他形式的公司或企业组织形式相比，有限责任公司最显著的特点是兼具资合性和人合性。有限责任公司的资合性，在于公司股东之间结合根本上是基于资本结合关系，体现在股东对公司债务承担的责任有限，且无论是出资形式还是分配原则都受到法律限制等方面。而人合性则是指除资本结合外，公司股东之间具有很强的人身信任关系，甚至可以说，正是基于这种信任，才使各位股东联合起来设立公司。有限责任公司的人合属性，"更多地显示出它接近于合同的特征"。[1]

《公司法》把股权继承问题规定成一个任意性条款，也就是说，允许股东在章程中对此问题作出规定，但若章程中没有对此问题进行规定，股权便当然继承。但实践中，经营者的章程意识是比较淡薄的，许多公司章程仅仅是简单照抄照搬公司法的规定，对许多重要事项，尤其是继承这种敏感的"身后事"问题都没有涉及[2]，出现这种情况时，公司其他股东的利益便不能很好地得到保护。

关于股权是否可以继承，是否应被限制以及限制程度的问题，究其本质，是有限责任公司其他股东权益和死亡股东继承人权益平衡和博弈的问题。股权是一项独立的不能被简单拆分的权利，本质是一种财产权，而且其非财产内容也不同于人身权，故可以被继承。而有限责任公司基于股东间的信任而设立，法律还通过限制转让等规定旨在保护这种信任关系，若是某位股东死亡，其股权在未考虑其他股东意见的

---

〔1〕 周友苏：《新公司法论》，法律出版社2006年版，第27页。

〔2〕 根据《中国企业家》杂志在2003年做的调查显示，90%的被调查对象表示，在公司设立之初发起人之间没有讨论过股权继承问题，而且84.2%的公司负责人承认，在公司章程中没有涉及此问题。参见刘建强、边杰：《中国式继承》，中信出版社2005年版，第4～5页。

前提下就被当然地继承，显然会有侵犯到其他股东利益的可能，有限责任公司的人合性优势也不能很好地得到彰显。股东作为公司成立的人的基础，若股东权利不能得到较好的保护，势必会动摇公司制度的基础；但是股东投资的目的还是在于盈利，从股东个人角度考虑，最终还是为了自己以及家人能够有更多的收益，而且股权带来的利益具有长期性，原股东死亡后，过分强调其他股东的利益而剥夺其继承人的权利，肯定是死亡股东所不愿意看到的，也与现代法律保护私权的理念以及人文伦理等观念相冲突。

拓展案例

闫某乙与河间市津桥铜材有限公司、李某甲股东资格确认纠纷一审民事判决书

[基本案情]

河间市津桥铜材有限公司于 1996 年 8 月 1 日登记设立，注册资本为 360 万元，法定代表人为李某甲，2004 年 11 月 22 日法定代表人变更为李某乙，该公司于 2006 年 11 月 13 日被河间市市场监督管理局吊销了营业执照。该公司在 2002 年 8 月 6 日河间市津桥铜材有限公司章程修正案中记载，修改了股东姓名、股东的出资方式和出资额，其中闫某甲作为公司股东出资额为 20 万元人民币，占注册资本的 5.56%。股东闫某甲与李某丙为夫妻关系，共育有两个儿子，为闫某乙和闫某丙。另闫某甲于 2016 年 2 月 13 日死亡。

后因股权继承事项，原告闫某乙向法院提出诉讼请求：①请求依法确认原告享有被告河间市津桥铜材有限公司的股东地位和 0.93% 的股权，确认原告在被告河间市津桥铜材有限公司的股东权益；②判令被告河间市津桥铜材有限公司将原告名字记载于股东名册并办理公司登记变更手续，或者依法判令被告河间市津桥铜材有限公司及其股东被告李某甲收

拓展案例
判决书原文

购原告闫某乙之父闫某甲在被告河间市津桥铜材有限公司0.93%的股权（3.33万元），并将收购款交付给原告；③判令被告按0.93%的股权比例偿还原告自2002年8月5日起至被告河间市津桥铜材有限公司被吊销日止的股东收益额；④判令二被告对上述款项承担连带清偿责任；⑤诉讼费用由上述被告承担。

被告河间市津桥铜材有限公司辩称：①闫某甲系河间市津桥铜材有限公司股东之一，享有公司5.56%的股权，对于原告是否享有股东地位及股权份额，请法院结合原告证据依法裁决。②2006年11月13日，河间市津桥铜材有限公司因未年检，被工商局吊销营业执照，至今公司未进行清算，也未办理注销登记，在未进行清算的情况下，无法确定公司盈利还是亏损，原告要求返还股金和分配红利，缺乏证据支持，也违背法律规定。应驳回原告的起诉。

[法律问题]

1. 原告作为继承人能否提出股权继承或者请求对方收购股权？

2. 公司被吊销营业执照之后，股权应当如何继承？

[重点提示]

根据《公司法》第75条的规定，如果公司章程对股权继承无明文的限制，那么只要确认了继承人的身份，即可以继承股权。对于其他股东或者公司而言，只有承认并配合办理工商变更登记的消极义务，并无积极去收购的义务。在公司被吊销营业执照之后，股东身份仍然存在。

第十二章　共同遗嘱

知识概要

夫妻一致处分其身后财产，有着较强的社会基础。对于共同遗嘱，司法部《遗嘱公证细则》中简单地提及，但在立法层面上并未作出明确规定。理论界对此问题的研究，因缺乏立法规定而停留在比较法研究的阶段。共同遗嘱的效力及履行缺乏立法与学理上的支撑。但若直接简单粗暴地拒绝承认共同遗嘱之效力，则不利于当事人财产意愿之实现，也不符合切实之需求。本章将简要介绍共同遗嘱的司法实践，并对共同遗嘱与遗嘱自由之间的关系问题进行探讨。

一、制度及理论概述

经典案例

陈某甲与陈某乙遗嘱继承纠纷案

[基本案情]

原审经审理查明：原告陈某乙与被告陈某甲系兄弟关系，其父陈某丙在世之时，于 2012 年 3 月 22 日同其母沈某某共同立下遗嘱："①立遗嘱人现有房产一处共四间（其中平房三间，一楼一底，瓦房一间），坐西向东，分配如下：房子左面（原电影院方向）第一间由次子陈某甲享有，接着挨右的第一间即第二间由长子陈某乙享有，从左至右第三间由陈某丙享有，若我去世时，陈某乙像现在一样照顾我，我

经典案例
判决书原文

所遗留的一间由陈某乙继承。第四间（即瓦房）由沈某某享有，瓦房后的楼梯由长子陈某乙所有。②以上房产分配各自享有各自的，相互间不得争议。陈某丙、沈某某分别享有的房屋在二老在世时各自享有，去世时分别负责安葬。即由陈某乙负责陈某丙的生养死葬，陈某甲负责沈某某的生养死葬。陈某乙与陈某甲都必须全力尽到各自的义务，在双方负责的老人去世后，老人的房产由尽到义务的人享有，未尽到义务的则不享有老人享有的房产。③二老承包经营管理的土地……"该遗嘱于 2012 年 3 月 24 日经普安县公证处作出（2012）普证字第 22 号公证书公证。2012 年农历三月二日，双方的父亲陈某丙去世，现其母亲沈某某仍健在。至今被告仍占据着遗嘱中分给原告陈某乙的一楼第二间一格和二楼三格。原告认为其父亲在遗嘱中分给他的房屋和遗留的房屋均属于其享有产权，现被被告陈某甲侵占，故诉请人民法院判令被告停止侵权，返还上述被侵占房屋。被告则认为其父母所立遗嘱为共同遗嘱，因其母沈某某还健在，故遗嘱尚未生效，故不存在原告诉称的侵权问题。

一审法院认为：原、被告双方的父亲陈某丙和母亲沈某某所立的遗嘱为典型的共同遗嘱，立遗嘱人对于自己所有的房产已作出明确的处理和分配，即将部分房产分配给子女，将其余部分房产留给自己，待立遗嘱人去世后作为遗产继承，在遗嘱中也明确了继承方案，且已经普安县公证处公证。现其父已去世，其母尚健在，且其母至今仍未对该遗嘱作出撤销或变更的意思表示。故该遗嘱并非全部未生效，其中对于其父陈某丙所有的部分房产已产生遗嘱继承。

一审后，陈某甲不服而提起了上诉。

[法律问题]

本案中，共同遗嘱是否生效？

[参考结论与法理精析]

（一）法院意见

本案中，上诉人陈某甲与被上诉人陈某乙之父陈某丙可依据法律的规定，立遗嘱处分其个人的财产，继承从被继承人陈某丙死亡时开始，发生法律效力。针对本案的争议焦点：上诉人陈某甲与被上诉人陈某乙父母所立遗嘱是否生效的问题。从上诉人陈某甲与被上诉人陈某乙的父亲陈某丙和母亲沈某某所立的遗嘱的形式来看，双方的父母所立的遗嘱为共同遗嘱，从双方所立遗嘱的内容来看，实质上，双方已对各自的财产进行了明确，并对双方的夫妻共同财产进行了分割。而被上诉人陈某乙所继承的遗产部分是其父亲的遗产，故随着其父亲的死亡，遗嘱生效，该部分遗产发生继承。

（二）共同遗嘱

本案例中，法院认为争议所涉遗嘱为共同遗嘱，但是法院并未从这个角度去阐释。

但是本案中只是形式上的共同遗嘱（又称单纯的共同遗嘱）。形式上的共同遗嘱是指内容各自独立的数份遗嘱记载于同一份遗嘱中，在实质上为数份独立遗嘱，只不过形式在同一份遗书上，其产生各自的法律效果互不影响。因此并不需要特别的讨论。

严格意义上的共同遗嘱，又称合立遗嘱，是指由两个或两个以上的遗嘱人共同订立的一份遗嘱。严格意义的共同遗嘱指的是2个或2个以上的遗嘱人将其内容共同或相关的意思表示形成一个整体的遗嘱意思表示，从而定格于同一遗书上。在这种情况下，遗嘱人之间的遗嘱表示不是完全独立的，而是相互间牵连和制约的。

实践中，共同遗嘱在内容上通常有三种表现：一是相互指定对方为自己的遗产继承人；二是共同指定第三人为遗产的继承人；三是相互指定对方为自己的遗产继承人并规定后死者将遗产留给某第三人。

共同遗嘱具有相互牵制性，在一定程度上制约了遗嘱的完全自由，特别是在遗嘱的修改等方面。因此，各国立法例在此问题上并未表现出高度一致，部分国家的立法例是有条件承认，而部分国家则完全禁止共同遗嘱。

➡ 拓展案例

拓展案例
判决书原文

沈某与张某遗嘱继承纠纷案

[基本案情]

张某与沈某乙为夫妻关系，双方于1998年5月登记结婚，沈某乙系初婚，张某系再婚，双方婚后未生育子女。张某与前妻生育有一子一女。张某与沈某乙再婚时，其子女均已成年并独立生活。被继承人沈某乙与沈某系姐妹关系。2002年7月18日，沈某乙与中国某行政管理局签订了《房屋买卖契约》，购买海淀区黄庄小区中关村某楼某号房屋，2002年11月18日，沈某乙取得该房屋的所有权证书。2005年6月20日，沈某乙书写了遗嘱一份，其中第1条写道：我们两人中有一人先去世者，另一人将继续住在原住所（中关村某楼某室），享用原两人共有的财产，任何人不得横加指责和干涉。第2条写道：我们现住处是沈某乙、沈某两姐妹之母于20世纪80年代用上海住房交换所得（有档案），房内一切用品（包括所有电器）都是沈某夫妇购置的。沈某两个儿子张某乙、张某丙从小在沈某乙家生活成长，由沈母女照顾，祖孙、姨甥间感情至笃。沈母虽已于20世纪90年代去世，但沈某一家继续对我们的生活照顾备至，为此，我们俩去世后，为纪念亡母和感谢沈某一家，该房屋及屋内所有物品器具均由沈某继承（依次张某乙、张某丙）。任何人不得横加干涉。在"遗嘱"最后由沈某乙、张某签名。2015年2月27日，沈某乙死亡。

原告沈某在原审法院起诉称：沈某与被继承人沈某乙系姐妹关系。2005 年 6 月 20 日，沈某乙与张某夫妇共同立下遗嘱，内容为：沈某乙和张某夫妇去世后，2 人自愿将其夫妻共有的北京市海淀区黄庄小区中关村某楼某号房屋由沈某继承。2015 年 2 月 27 日，沈某乙死亡，双方为房屋继承事宜发生矛盾，因此，要求继承海淀区黄庄小区中关村×楼×号房屋 50% 份额。

张某在原审法院答辩称：我与沈某的房产继承事宜，我经过深思熟虑的考虑，我现在对过去的"遗嘱"反悔。北京市海淀区黄庄小区中关村某楼某号房屋为沈某乙和张某夫妻共有房产，不同意沈某继承，要求驳回沈某诉讼请求。

[法律问题]

1. 本案中，共同遗嘱人之一，在另一方去世之后，是否可以后悔？

2. 本案中，遗嘱是否部分生效？原告是否有权继承其中的 50%？

[重点提示]

本案涉及了共同遗嘱的两个核心问题：

第一，共同遗嘱中后去世的遗嘱人是否有修改遗嘱的权力？从遗嘱自由的角度看，生前随时可以修订遗嘱。但是从共同遗嘱的"牵连性"与共同遗嘱人之间的信赖利益的保护角度看，应当限制遗嘱。因此需要在遗嘱自由与限制之间寻找新的平衡点。

第二，共同遗嘱究竟何时生效？共同遗嘱究其本质而言是一份遗嘱，因此只能一次生效，即所有遗嘱人都去世之时开始生效。但是这与继承人死亡之后遗嘱开始生效是存在矛盾的。因此，需要特别的规范来确认生效时间及生效之前的法律约束力。

二、共同遗嘱与遗嘱自由

 经典案例

牟某某与卢某甲等遗嘱继承纠纷案

[基本案情]

2004年3月2日，牟某某与其丈夫卢某乙共同订立了一份公证遗嘱，将夫妻共有的两处二层沿街楼作如下处分：①夫妇一方死亡后，先死亡者遗留下的房产份额由健在的老伴继承；②夫妇俩均死亡后，一号沿街楼由其子继承，二号沿街楼由其两个女儿共同继承；③夫妇俩健在期间，可共同变更、撤销遗嘱；夫妇俩一人健在时，可以自行变更、撤销本遗嘱；④本遗嘱第一项在夫妇一方死亡后生效，第二项在夫妇俩均死亡后生效。2007年，卢某乙因病去世。2009年3月23日，牟某某向公证部门公证撤销了前述遗嘱，但其认为遗嘱第一项已经生效，其已基于继承取得了房产物权，并与其子女就房产继承发生了纠纷。牟某某遂以其三名子女为被告诉至日照市岚山区人民法院，要求依法确认涉案房产已由其继承、归其所有。

岚山区人民法院认为，牟某某与卢某乙共立的遗嘱明确约定一方死亡后，另一方有权撤销该遗嘱，表明遗嘱人已将遗嘱撤销权授权其配偶享有，故牟某某在其夫卢某乙死亡后撤销遗嘱，符合卢某乙的意愿，该撤销行为合法有效；因遗嘱已被全部撤销，故牟某某请求按照遗嘱继承，并确认涉案房产归其所有，无合法依据。岚山区人民法院判决为：驳回牟某某的诉讼请求。牟某某不服一审判决，向日照市中级人民法院提出上诉。

[法律问题]

1. 结合上述案例，探讨后死亡遗嘱人的变更及撤销

权利。

2. 请分析共同遗嘱对遗嘱自由之限制。

[参考结论与法理精析]

（一）法院意见

日照市中级人民法院认为，卢某乙死亡后，遗嘱第一项已生效，涉案房产中，卢某乙的份额发生继承，牟某某作为遗嘱第一项指定的唯一继承人并未明示放弃继承，应视为其接受了继承。此后，牟某某虽公证撤销遗嘱，但遗嘱第一项此前已生效，涉及的房产发生继承，该项遗嘱已无撤销之可能，且牟某某作为该项遗嘱的继承人而非遗嘱人，对于涉及该部分遗产的遗嘱第一项亦无撤销权，故牟某某公证撤销遗嘱的行为对遗嘱第一项不发生效力。

2012 年 5 月 15 日，日照市中级人民法院终审判决：确认牟某某继承了卢某乙遗留的房产份额，并取得整个房产的物权。

（二）共同遗嘱的变更与撤销

山东省日照市中级人民法院研究室张宝华、马德健法官撰文认为：本案中，因卢某乙死亡的事件发生，遗嘱第一项已经具备生效条件，并据此发生继承。很显然，卢某乙系该项遗嘱的遗嘱人，牟某某系该项遗嘱的继承人，其作为继承人取得了涉案房产物权。在继承发生前，并未发生遗嘱第一项被撤销的情形，在卢某乙死亡后，牟某某作为继承人更无权撤销卢某乙的遗嘱。现遗嘱第一项已经生效且继承也已发生，牟某某公证撤销遗嘱的行为对该项遗嘱不发生法律效力。但对于涉案遗嘱的第二项"夫妇俩均死亡后，一号沿街楼由其子继承，二号沿街楼由其两个女儿共同继承"，因牟某某仍健在，该项遗嘱尚不具备生效条件，而且其中的"一号楼、二号楼"在卢某乙死亡后均已归属牟某某个人财产，牟某某有权自由处分，包括撤销该财产之上所立遗嘱，因此，遗嘱第三项中的"夫妇俩一人健在时，可以自行变更、撤销本遗嘱"，实际上针对的就是遗嘱第二项，本案应认定牟某某经公证撤销了遗嘱第二项。

共同遗嘱最大的法律问题是撤销权的问题。即在共同遗嘱人一方先去世的情况下，生存方如何行使撤回其遗嘱意思表示的权利。共同遗嘱的撤销或者撤回，不同于个人遗嘱的撤销：前者有先死亡一方的利益的潜在保护的问题，而后者则纯粹为一个意思自治的问题。

根据不同类型的共同遗嘱，我们大体可以将撤销的规则归纳如下：

1. 对于相互指定对方为自己的遗产继承人并且无进一步约定遗产最终处置方式的夫妻共同遗嘱，撤回权不存在任何问题。比如，夫妻双方共同约定，若一方先死，那么则由生存方继承先亡方之遗产。在这种共同遗嘱中，一方死亡则其遗嘱发生效力而生存方的遗嘱失效，当然不存在撤销权的问题。生存方可以完全按照自己的意愿来作一个新的遗嘱或者无遗嘱而适用法定继承。

2. 对于相互指定对方为自己的遗产继承人并规定后死者将遗产留给某第三人的共同遗嘱，生存方仅得就共同遗嘱所指定的财产中自己个人的财产实行变更处分，而死亡方在共同遗嘱中的自有财产直接由第三人继承，而不能由生存方先继承。这一规则平衡了对先死亡方遗嘱的尊重与生存方遗嘱（撤回）自由。

3. 对于相互以对方的遗嘱内容为条件的共同遗嘱，在一方的遗嘱内容已经执行的情况下，另一方的撤回权将受到限制，根据公平原则，生存方必须支付等值的对价后方可行使变更或撤回权。

总结而言，共同遗嘱在一定程度上能够体现夫妻的共同意志，应当得到法律的认可。我们可以看到，共同遗嘱在现实生活中并不罕见，我国司法实践也未以共同遗嘱不属于法定的遗嘱形态而否认其效力。只是共同遗嘱涉及的情况较为复杂，需要平衡两方的利益，特别是一方先死亡，生存方可能会面临情势发生严重变更的现实。因此，在现行立法没有具体规定的情况下，在司法审判中需要特别注意平衡先死亡者的遗嘱意愿与生存方的遗嘱自由。

结合我国的实践，夫妻一方死亡之后，其配偶及其他第一顺位的继承人往往不急于对遗产进行分割，更多的情况是等到另一方也死亡之后，由他们的晚辈进行分家析产。在这种文化传统与实践中，承认甚至是推广共同遗嘱具有一定的实践意义。

➡️ **拓展案例**

朱某某诉安甲等遗嘱继承纠纷案

[基本案情]

原告朱某某诉称，原告系被继承人安某某的妻子，被告是被继承人安某某的子女。被继承人安某某于 2013 年 12 月 5 日去世，原告精神遭受巨大的打击。原告考虑到子女的经济承受能力及自己的退休金不足以维持养老支出，故为了保障晚年生活，希望将上海市浦东新区德州路×××号×××室房屋（以下至判决主文前简称德州路房屋）出售用于养老，但遭到了被告安甲的百般阻挠，原告对被告安甲的行为感到非常痛心。德州路×××号×××室房屋系原告与被继承人共同购买的产权房，一半产权归原告所有，另一半产权按法定继承予以继承。由于被告安甲未尽赡养义务，应不分或少分。请求法院判令德州路房屋的 2/3 产权归原告所有，被告安乙、安丙各继承 1/6 产权。

被告安甲辩称，不同意原告的诉请，原告陈述的原、被告之间的身份关系属实。被继承人生前与原告对家庭财产的处理作出过决定，该决定属于原告与被继承人的共同遗嘱，

拓展案例
判决书原文

应当根据该遗嘱来决定系争房屋的处置。原告不能单方处分该房屋，根据该遗嘱，系争房屋只有在父母百年后才能分割。若原告一定要分割，亦应按照遗嘱进行分割，即由安甲、安乙、安丙共同继承，份额均等，原告无权要求析产并继承。被告安甲对被继承人尽到了赡养义务，并且在经济和精神上给予被继承人以及原告关心和照顾。不认可有虐待母亲的行为，不同意原告的诉请。另提出要求将被继承人名下银行存款在本案中一并处理。

被告安乙、安丙共同辩称，同意原告的全部诉讼请求。原告陈述的原、被告之间的关系属实，陈述的其他情况也均属实。安某某于2013年12月5日去世，安某某的父亲安某于1958年去世，其母亲徐某某于1976年去世。被继承人除本案原、被告外，无其他第一顺序继承人。

又查明，沪房地浦字（2005）第086950号《上海市房地产权证》载明：坐落于德州路×××号×××室的房屋的权利人为安某某和朱某某。

再查明，2011年1月15日被继承人安某某执笔与原告朱某某共同制定《家庭财产分配决定》（以下简称《决定》），言明："……二、关于德州路×××号×××室房屋问题：德州路房屋系安某某、朱某某购买的产权房，目前房屋属安某某、朱某某所有并居住，处置决定如下：①德州路房屋父母百年后，由安甲、安乙、安丙三人共同继承，份额均等；②如父母百年后，三个子女中有人需要德州路房屋的，则按照当时的房屋市场价出资给其他两人，作价购得；如三个子女均不要德州路房屋的；则可按照当时的市场价出售后平分，三个子女各得三分之一的卖房款。三、关于赡养问题，安乙、朱某某决定：……③父母亲百年后如留有存款财产的，三个子女予以平分继承。四、其他有关事项、处置决定：……②如三个子女中有人不尽责任，不照顾赡养父母的，则取消其应得的继承份额……⑤上述决定的最终解释权归安某某、朱某某。"被继承人安某某与原告朱某某在其上签字确认。

[法律问题]

1. 被继承人与原告共同订立的《决定》的性质是什么？

2. 原告是否可以撤销该《决定》中自己部分的意思表示？

[重点提示]

《决定》确实接近家庭财产的分配决定，欠缺遗嘱的形式和实质要件，不属于遗嘱。因为该《决定》的抬头是分配决定，未标明是遗嘱；其对财产分割的表述是不明确的，存在多种可能性，若是明确的遗嘱应当是单一的，而不是多种可能；该《决定》的第 5 条约定了最终解释权归二老所有，而遗嘱不存在解释权的问题。但本《决定》确实也是被继承人和原告对二人百年后遗产如何分配的真实意思表示。

如果认定为遗嘱，应当考虑到本案共同遗嘱中所列的各项内容是相互独立、不互为条件、不存在因果关系这一特点，判断是否限制后去世者的撤销、变更的权利。

第十三章　遗产债务与债权人
利益之保护

知识概要

遗产分为积极遗产和消极遗产。所谓消极遗产，即被继承人生前未清偿之债务。我国采取无条件限定继承制度，即继承人在其继承财产范围内对遗产债务承担清偿责任。限定继承原则有效地保护了继承人利益，避免被继承人的债务无限继承而使"父债子还"的压力影响下一代的发展，同时也体现了每个自然人的主体之独立。但在保护继承人利益的同时，也应考虑债权人的利益，至少需要从程序上保障债权人有公平的机会就遗产获得清偿或者部分清偿。

一、限定继承

经典案例

吴某某与樊某甲等被继承人债务清偿纠纷案[1]

[基本案情]

原告吴某某诉称：樊某甲与王某某为借款人樊某丁的父母，丁某某为樊某丁的配偶，樊某乙为樊某丁的子女。2014年4月5日樊某丁向我借款5万元，说是公司所用，因樊某

---

〔1〕　北京市朝阳区人民法院，(2016) 京 0105 民初 5650 号，2017 年 1 月 6 日。

丁之前帮过我，所以我就把钱借给他，当时打了一个借条。2014 年 4 月 18 日，樊某丁说钱不够，又向我借了 10 万元。我钱不够就向赵某借了 5 万元。我和赵某是从银行柜台取的现金，把现金借给了樊某丁，借钱的时候我也没有多问。我跟樊某丁说直接打一个 15 万元的借条，樊某丁亲笔写下借据，把原来 5 万元的借条给撕了。我认为双方债权债务关系不违反国家法律强制规定，依法应得以保护，现樊某丁突然去世，就此借款我与丁某某协商未果。根据《最高人民法院关于适用〈中华人民共和国婚姻法〉若干问题的解释（二）》的规定，夫或妻一方死亡的，生存一方应当对婚姻关系存续期间的共同债务承担连带清偿责任，可以向死者的配偶要求付款。死者生前所欠的债务，原则上应从死者遗产中偿还。继承人在继承死者遗产的同时，也负有清偿债务的义务。除非继承人放弃继承权，那么死者生前的债务应由其他继承人负责偿还。为维护我合法利益，就此借款依法诉至法院，要求丁某某承担给付 15 万元的义务，要求樊某甲、王某某、樊某乙在被继承人樊某丁的遗产范围之内承担清偿义务。

［法律问题］

1. 存在遗嘱时，谁应承担消极遗产？
2. 未获得遗产的法定继承人是否需承担消极遗产？

［参考结论与法理精析］

（一）法院意见

法院认为：债务应当清偿，继承人继承遗产应当清偿被继承人的合法债务，清偿债务以被继承人的遗产实际价值为限。

夫或妻一方死亡的，生存一方应当就婚姻关系存续期间的共同债务承担连带责任。债权人就婚姻关系存续期间夫妻一方以个人名义所负债务主张权利的，应当按夫妻共同债务处理。夫妻对婚姻关系存续期间所得的财产约定归各自所有的，夫或妻一方对外所负的债务，第三人知道该约定的，以夫或妻一方所有的财产清偿。

本案中，樊某丁在婚姻关系存续期间所负债务，应作为与丁某某的夫妻共同债务，现樊某丁已经死亡，其遗产尚未继承，丁某某应负清偿义务。樊某乙、樊某甲、王某某作为樊某丁之继承人，应在其继承樊某丁的遗产范围内与丁某某承担连带责任。吴某某出具的借条已载明具体出借年份以及还款期限，现该借期已经届满，故吴某某有权主张该笔借款。最终法院判决如下：

1. 被告丁某某于本判决生效后 7 日内给付原告吴某某欠款 15 万元。

2. 被告樊某乙、被告樊某甲及被告王某某在继承被继承人樊某丁遗产范围内就前述欠款 15 万元承担连带偿还责任。

（二）限定继承

几乎大陆法系的所有国家都向当事人提供了无限继承、限定继承及放弃继承三个选项，并通常以无限继承为原则。

继承开始后，由继承人在限定继承、无限继承、抛弃继承权中进行选择，维护了继承人的选择自由。相对于限定继承将遗产债务的责任财产限于所继承的遗产，无限继承则将责任财产的范围也扩展于继承人本人的固有财产；同理，继承人固有的债权人也可以将遗产纳入其强制执行的范围。在此需要澄清的一个被反复述说的误解是：无限继承并不一定是有利于遗产债权人的。如果继承人也负债累累，继承人的债权人就能将其因继承所获得的遗产作为责任财产获得清偿，此时不但不能以本人的固有财产对遗产债务负责，连遗产都很可能已经支付给自己的债权人了，遗产债权人的状况因此更加恶化。

从民法的角度看，无限继承与限定继承的本质区别在于：无限继承不区分继承而来的财产与继承人固有的财产，不区分遗产债务与继承人固有的债务所对应的责任财产。而在限定继承，被继承的财产上在"责任财产"的意义上是独立于继承人固有的财产的，也即其固有财产不会成为遗产债务的责任财产。

从制度起源开始，制作财产目录清册是限定继承制度的核心所在，这一点大陆法系各国并无不同。而我国《继承法》制定之时，处于经济改革开放的初期。当时对西方大陆法系国家的立法刚有接触，但是可能主要的参考资料源于苏联及东欧各社会主义国家。在"宜粗不宜细"的"有法比没有法好、即使粗疏一些也要尽快制定"的思想指导下，《继承法》第 33 条在引入限定继承制度的时候，片段化地引入了这项源于罗马法的制度，只是确认了限定继承的效力，但是对于限定继承的程序与必要条件即编制遗产清册则做了有意无意的省略，这导致了限定继承制度在我国并未实现其"平衡债权人与继承人利益"的制度价值，使得天平大大地倾向了继承人。

拓展案例

孙某甲、孙某乙、孙某丙上诉王某、原审被告孙某丁被继承人债务清偿纠纷案

[基本案情]

2011 年 4 月 23 日孙某某向王某出具借据载明："今借到王某某人民币壹拾壹万元正，月息壹分，（每年清息壹次）。借款人：孙某某。"2011 年 4 月 23 日。孙某某于 2012 年 3 月 28 日去世，孙某甲、孙某乙、孙某丁、孙某丙为其第一顺序继承人，现王某诉来法院，请求判令孙某甲、孙某乙、孙某丁、孙某丙在继承孙某某遗产的范围内偿还王某借款本金 11 万元，并自 2011 年 4 月 23 日起至判决确定履行之日止

经典案例
判决书原文

支付约定利息，诉讼费用由孙某甲、孙某乙、孙某丁、孙某丙承担。另查明，孙某某于 2012 年 3 月 28 日去世，因孙某甲、孙某乙、孙某丁、孙某丙对借据上借款人孙某某的签名不予认可，王某申请对借据中借款人孙某某的签名进行笔迹鉴定，青岛正源司法鉴定所出具的司法鉴定意见书结论为：王某提供的 2011 年 4 月 30 日的借据中借款人孙某某的签名与 2010 年 4 月 15 日孙某某与张玉环签订的离婚协议中孙某某所书写的签名为同一人所写，王某为此支出鉴定费 2800 元。

本院二审查明，孙某甲、孙某乙、孙某丙在上诉状及本案审理过程中均明确表示放弃对孙某某所有财产的继承。

[法律问题]

1. 继承人可在何时表示放弃继承？

2. 继承人主动放弃继承权时，应如何处置消极遗产？

3. 如无继承人承担消极遗产，债权人的债权如何实现？

[重点提示]

《最高人民法院关于贯彻执行〈中华人民共和国继承法〉若干问题的意见》第 46 条规定，继承人放弃继承权，致其不能履行法定义务的，放弃继承的行为无效。继承人表示放弃继承，可免除在遗产之外偿还债务的责任，但如继承人是遗产的实际管理人，有义务协助债权人做好遗产的分配工作，以被继承人的遗产承担权利义务，仍应配合在遗产范围内帮助债权人实现债权。继承人可放弃继承的权利，由此摆脱偿债的义务，但基础的管理义务仍需完成。

二、夫妻共同债务与遗产债务交叉

▶ 经典案例

余某甲、黄某某与余某乙民间借贷纠纷案

[基本案情]

余某甲、黄某某因与余某乙民间借贷纠纷一案，不服重庆市第一中级人民法院（2014）渝一中法民终字第 05246 号民事判决，向本院申请再审。本院于 2015 年 7 月 6 日作出（2015）渝高法民申字第 00328 号民事裁定，提审本案。本案再审审理过程中，余某甲死亡。本院依职权追加余某丙、余某丁为本案再审申请人。

2008 年 7 月 27 日至 2010 年 6 月 30 日，余某甲、黄某某陆续向余某乙借款，余某甲、黄某某为此向余某乙出具《借条》一份，载明：今借到余某乙现金 200 万元，以前的借条全部作废，此款定于 2010 年 8 月 4 日前归还，如到时未还，每月支付 5 万元利息。2011 年 3 月 15 日，黄某某向余某乙出具《还款承诺书》，主要内容为：本人承诺原借余某乙本金 200 万元以及计算至 2011 年 3 月 4 日应支付余某乙可得利 35 万元，现定于 2011 年 4 月 30 日全部利清本清，如在约定的时间不能支付，则应按每月 5% 的违约金计算，计算时间从借 200 万元的时间起计算。2011 年 8 月 31 日，余某甲、黄某某共同向余某乙出具《承诺》，主要内容为：关于欠余某乙的货款承诺，本人承诺在下周内退还 100 万元（此款由永川退回的保证金中扣除支付），剩余部分在酉阳的土地款下来后一次性付清，但最迟不能超过 2011 年 10 月 30 日，否则造成的一切后果由余某甲承担。

[法律问题]

1. 本案中，余某甲所欠债务属于夫妻共同债务还是消极

经典案例
判决书原文

遗产?

2. 配偶与子女的偿还责任是按份、连带还是补充责任?

[参考结论与法理精析]

（一）法院意见

《继承法》第 33 条规定："继承遗产应当清偿被继承人依法应当缴纳的税款和债务，缴纳税款和清偿债务以他的遗产实际价值为限。超过遗产实际价值部分，继承人自愿偿还的不在此限。继承人放弃继承的，对被继承人依法应当缴纳的税款和债务可以不负偿还责任。"《最高人民法院关于贯彻执行〈中华人民共和国继承法〉若干问题的意见》第 62 条规定："遗产已被分割而未清偿债务时，如有法定继承又有遗嘱继承和遗赠的，首先由法定继承人用其所得遗产清偿债务；不足清偿时，剩余的债务由遗嘱继承人和受遗赠人按比例用所得遗产偿还；如果只有遗嘱继承和遗赠的，由遗嘱继承人和受遗赠人按比例用所得遗产偿还。"本案中，余某丙、余某丁作为余某甲的子女，属于法定继承人。余某丁未向本院明确是否放弃遗产继承，根据上述法律的规定，应当在其继承遗产范围内承担债务清偿的责任。余某丙已向本院提交了书面放弃遗产继承申明，可不负偿还责任。

综上，因涉案借款系余某甲、黄某某夫妻共同债务，余某甲死亡后，应由黄某某偿还。余某丁则应在继承的遗产范围内承担清偿责任。

（二）夫妻共同债务与遗产债务的竞合

夫妻一方名义所欠债务既可能是夫妻共同债务，也可能在欠款人死亡后变为其消极遗产。首先，应判断夫妻共同财产的可能性，《最高人民法院关于适用〈中华人民共和国婚姻法〉若干问题的解释（二）》第 24 条规定，债权人就婚姻关系存续期间夫妻一方以个人名义所负债务主张权利的，应当按夫妻共同债务处理，但存在下列情形之一的除外：①夫妻一方能够证明债权人与债务人明确约定为个人债务的；②夫妻一方能够证明债权人知道或者应当知道夫妻对婚姻关系存续期间所得财产约定归各自所有的。债务以夫妻共同财产为原则，另有证明为例外，如无特别约定、证明个人债务的情况，则判断为夫妻共同债务。对于夫妻共同债务，债权人可向任何一方要求清偿全部债务，无论夫妻双方如何约定，不可对抗善意第三人，但可在向债权人偿还后向另一方追偿。

本案中，判决由夫妻健在一方偿还，继承人也有一定的偿还义务，但未明确继承人的责任是何种性质：是连带还是按份责任？或者是补充责任？清偿之后，相互之间是否还有追偿权？这些都未能规定。

从债务人的内部关系看，当夫妻之一方死亡之时，夫妻之一体性解体：共同财产进行分割，共同的债务也进行分割。因此，配偶作为共同债务人之一，承担的是 50% 的债务。同时，配偶往往也成为继承人，其与其他继承人一样，在遗产的范围之内承担 50%，而内部则根据《继承法》所确定的遗产债务承担的规则。这是内部追偿的规则。但是对外而言，则是连带责任：只是继承人还可以限定继承作为抗辩，而配偶则是无条件的连带责任。

➡ 拓展案例

细田安贵子与被告陆某甲、章某某民间借贷纠纷案

[基本案情]

原告细田安贵子与被告陆某甲、章某某民间借贷纠纷一案，于 2014 年 2 月 21 日向本院起诉，本院在同日立案受理后，依法组成合议庭进行审理。在审理过程中陆某甲因病死亡，经本院依法定程序进行并释明，死者陆某甲的第一顺序继承人即被告章某某以及王某某、陆某乙均声明不放弃对陆

拓展案例
判决书原文

某甲遗产的继承并要求参加诉讼，原告申请追加死者陆某甲第一顺序继承人王某某、陆某乙作为共同被告，本院经审查，依法予以追加。

原告细田安贵子起诉称，陆某甲与被告章某某系夫妻关系。陆某甲因缺资于 2013 年 4 月份开始陆续向原告借款，截至 2013 年 10 月 16 日，经原告与陆某甲结算，被告应当支付原告欠款数额为人民币 150 万元。经原告要求，陆某甲于当天出具欠条一份，承诺于 2013 年 11 月 30 日一次还清，但之后陆某甲与章某某分文未付，原告为此起诉至法院。在本案审理过程中，陆某甲因病死亡，原告申请追加死者陆某甲的第一顺序继承人王某某、陆某乙作为共同被告，同时诉讼请求变更为：①依法判令被告章某某归还借款人民币 150 万元；②依法判令被告王某某、陆某乙在遗产继承的范围内共同归还上述借款。

被告章某某、王某某、陆某乙辩称：对于陆某甲向原告借款 150 万元，三被告均不知情。陆某甲生病住院期间细田安贵子来找陆某甲时才知道欠款一事，但金额也没有 150 万元，是后来写上去的。原告称陆某甲向她借款是用到其承包的建筑工地上，故原告不应该向三被告催讨 150 万元借款，要求驳回原告对三被告的诉讼请求。

法院查明：陆某甲（已病逝）与被告章某某系夫妻关系，王某某系陆某甲之母、陆某乙系陆某甲之女。原告细田安贵子与陆某甲在 2013 年 3、4 月份通过网上 QQ 交流时相识，之后双方有往来。在交往过程中陆某甲以自己承包工程资金不够，急需资金为由，陆续向原告借款（包括人民币及日元），并且应陆某甲的要求，原告从日本为陆某甲带来 LV包、苹果 4S 手机等物品。后原告怀疑受欺骗，要求陆某甲归还借款。2013 年 10 月 16 日，经原告催讨，陆某甲确认应当归还原告的借款数额以及陆某甲允诺的原告损失费共计人民币 150 万元，并由陆某甲于当天出具借条一份，陆某甲承诺该 150 万元于同年 11 月 30 日一次还清。之后因陆某甲联系不上，原告向浙江省绍兴市上虞区公安局崧厦派出所报警反映陆某甲骗其钱一事，经查，陆某甲因病重住院，2014 年 1 月 18 日原告赶到绍兴市上虞区人民医院住院部，由陆某甲在原借条上对细节进行补正并再次签名确认。之后原告诉诸本院。

另查明，陆某甲因患病于 2014 年 2 月 3 日去世；陆某甲生前已归还原告借款计人民币 3.5 万元。被告章某某、王某某、陆某乙均声明不放弃对陆某甲遗产的继承。

[法律问题]

1. 本案中，债务属于夫妻共同债务还是个人消极遗产？
2. 当事人死亡后，夫妻共同财产与个人遗产的分割顺序如何？

[重点提示]

《最高人民法院关于适用〈中华人民共和国婚姻法〉若干问题的解释（二）》第 26 条规定：夫或妻一方死亡，生存一方应当对婚姻关系存续期间的共同债务承担连带清偿责任。《继承法》第 26 条规定：夫妻在婚姻关系存续期间所得的共同财产，除有约定的以外，如果分割遗产，应当先将共同所有的财产的一半分出为配偶所有，其余的为被继承人的遗产。遗产在家庭共有财产之中的，遗产分割时，应当先分出他人的财产。第 33 条规定：继承遗产应当清偿被继承人依法应当缴纳的税款和债务，缴纳税款和清偿债务以他的遗产实际价值为限。超过遗产实际价值部分，继承人自愿偿还的不在此限。继承人放弃继承的，对被继承人依法应当缴纳的税款和债务可以不负偿还责任。因此，对于债权人来说，可以基于夫妻共同债务来起诉生存方，也可以基于遗产债务起诉继承人，此项选择权应该交由债权人来行使。

第十四章　遗产的分割请求权与
继承回复请求权

知识概要

遗产分割是继承开始后，依法在数个继承人之间分配财产，而使遗产实际归各继承人所有的法律行为。遗产的分割遵循：分割自由原则、保留胎儿继承份额原则、互谅互让与协商分割原则、物尽其用原则。[1]

继承回复请求权，是继承人基于继承权被侵害时，请求确认其继承资格及回复继承财产之特别独立的请求权，是区别于物权请求权的一种独立权利。

对分割请求权和回复请求权的讨论研究，有助于明晰《继承法》与《物权法》相关联的问题，对于更好地保护继承人权益，健全继承法律制度具有十分重要的意义。

一、遗产分割请求权的行使

经典案例

汤某甲诉方某等遗嘱继承纠纷案

[基本案情]

1999 年 1 月 18 日，原告汤某甲，与汤某丁、被告方某、

经典案例
判决书原文

---

〔1〕　夏吟兰：《婚姻家庭继承法》，中国政法大学出版社 2012 年版，第 280 页。

被告汤某乙签订协议书，约定：汤某丁、方某的抚养一切由汤某甲负担，包括以后的医药费和过世后的各类费用；对于汤某丁、方某二位老人的财产权，以后一切由汤某甲继承，包括新屋、老屋。原告汤某甲负担汤某丁医药费、丧葬费等。

2013 年 8 月 7 日，汤某丁与方某向村委会提出申请，要求：在该房拆迁补偿中的人均 60 平方米计 120 平方米附房补偿款应归二老所有，及各项签协、腾房等按人头计算的奖励款项并单独存入二老银行账户内。在拆迁后，农居安置房二老各 50 平方米计 100 平方米，属个人依法安置的合法私人财产，需单独安置，产权证在二老其中人员名下，任何子女不得非法占有；二老不享受拆迁房屋主体及装潢补偿款，但购置 100 平方米安置房的房款需由汤某甲承担。同年 11 月 4 日，汤某丁、方某与汤某甲签订同样内容的申请书。

2013 年 11 月 8 日，汤某甲与长河街道征迁安置管理中心签订《农村宅基地房屋收购补偿安置协议书》，安置户内人口为 6 人，安置面积为 300 平方米，户内安置人口包括汤某丁、被告方某（100 平方米）。

2015 年 6 月 15 日，汤某丁死亡。自 2015 年 8 月 3 日起，方某居住在被告汤某丙家中。原告向杭州市滨江区人民法院提起诉讼诉讼，请求判令汤某丁因拆迁获得的 50 平方米拆迁份额由原告享有。

[法律问题]

1. 本案中，汤某丁因拆迁获得的 50 平方米拆迁份额能否归原告享有？

2. 遗产分割请求权的行使。

[参考结论与法理精析]

（一）法院意见

根据 2013 年 8 月 7 日以及同年 11 月 4 日申请书，从文本的文义而言，系对汤某丁与被告方某取得安置房的安排，即汤某丁与被告方某的安置房合计 100 平方米，安置房实际登记时，二位老人均在世的，可登记到汤某丁、方某名下；安置房实际登记前，其中一个老人过世的，无论是汤某丁或者方某先过世，该安置房均应登记到另一在世的老人名下，由该存活的老人享有占有、使用、收益的权利，以保障老人的生活，任何子女不得占有。

原告汤某甲以汤某丁已死亡，根据原告汤某甲与汤某丁、被告方某、被告汤某乙于 1999 年 1 月 18 日签订的协议书，要求继承汤某丁安置房面积 50 平方米的拆迁份额。被告方提出关于原告没有诉权，安置房 50 平方米未实际取得不属于遗产范围，以及 2013 年的 2 份申请书取代 1999 年的协议等抗辩。本院认为，2013 年的 2 份申请书，对于 2 位老人均过世时，财产最终如何处理，并未给出处理意见。可见，被告方的以上抗辩不成立，2013 年的 2 份申请书并非直接取代 1999 年的协议，而是部分内容的变更以及相互衔接的关系。2013 年的 2 份申请书系汤某丁与被告方某、原告汤某甲签订的协议，为各方真实意思表示，对于各方均具有约束力。现另一老人即本案被告方某仍然存世，原告汤某甲已作出不得占有的承诺，对于其承诺自应当信守，本院对于原告汤某甲提出的遗产分割请求，不予准许。待本案被告方某辞世后，原告汤某甲方可依法行使遗产分割请求权。

（二）遗产分割请求权的行使及其限制

在数个继承人共同继承遗产时，遗产的共有是暂时的。我国《继承法》并没有对遗产分割的时间作出具体规定。按照遗产分割自由的原则，在继承开始后的任何时间内，任何一个继承人都有权请求分割遗产。[1] 但是也存在一些特殊

---

[1] 李国强："论共同继承遗产的分割原则——以《物权法》的解释和《继承法》的修改为视角"，载《法学论坛》2013 年第 2 期。

情况，如果遗嘱规定在一段时间内禁止分割，或者继承人达成限制分割的协议。这时，在被继承人死亡后，不能马上进行遗产分割，而需等到相关情形消失后才能行使分割请求权。

现行法律并不排斥意定性的限制。此类意定性的限制，可以由被继承人在遗嘱中设定限制性的条件，也可以由共同继承人形成一致。因此产生的一个法律问题是：此类限制分割的意思自治，是否也有限制？台湾地区"民法"第 1165 条第 2 款规定："遗嘱禁止遗产之分割者，其禁止之效力以 10 年为限。"我国立法是否也应有此类限制，否则就会有"永远不得分割"这样的美好愿望但可能有损于物尽其用的情形出现。

其次，现行立法并未规定遗产分割请求权的法定限制。例如为保障共同继承人之一的居住利益，特别是老年继承人的唯一居住利益，是否法定限制其他继承人的遗产分割请求权？从公序良俗原则角度出发，此类法定限制应当得立法与司法的支持。

■▶ 拓展案例

梁某甲、梁某乙与梁某丙、梁某丁继承纠纷案

[基本案情]

梁某甲与被继承人杨某戊原系夫妻关系，二人育有 3 名子女，分别是梁某丙、梁某乙、梁某丁。杨某戊无其他继承人。杨某戊原系哈尔滨东安发动机（集团）有限公司离休干部，于 2007 年 4 月 7 日因病死亡。后哈尔滨东安发动机（集团）有限公司对其 1951 年及以前参加工作的职工进行货币化住房补贴，杨某戊应补余额 98 640 元尚未领取。双方当事人对该钱款属于杨某戊生前与梁某甲在婚姻关系存续期间的共同财产无异议。另查明，梁某甲现每月享有退休金 5300

拓展案例
判决书原文

余元，现独自居住生活。

原告梁某甲、梁某乙诉称：中航工业东安职工住房货币化给予离世职工杨某戊补贴 98 640 元。杨某戊还有子女梁某丙、梁某丁。梁某乙从 12 岁起开始持家，一直与父母同住，父母住房是梁某乙出资购买并装修的，母亲杨某戊的丧事亦是梁某乙办理的。梁某丙没给父亲洗过澡，没带母亲看过病，按公序良俗不配继承杨某戊遗产。现诉请依据《继承法》第 13 条第 2 款、第 26 条及公序良俗，裁判梁某甲、梁某乙应继承的数额。

被告梁某丙、梁某丁辩称：同意依法分割杨某戊的住房补贴款，但不同意梁某乙多分。梁某乙述称其自 12 岁起开始持家与事实不符，父母是双职工，家务活都是三兄妹分担。梁某乙一直与父母共同生活是因为梁某乙依靠父母，是父母在接济梁某乙，父母一直能够自理。杨某戊的住房补贴款应该依法分割，首先分出一半归父亲梁某甲所有，剩余一半应当由父亲梁某甲及三兄妹平分。

[法律问题]

本案中是否应当酌情多分与酌情少分（不分）？

[重点提示]

酌情多分与酌情少分（不分）是《继承法》中遗产分割中的重要制度。酌情制度并非法定，是对特别困难的继承人的一种额外的照顾，或是被继承人生前履行赡养义务的额外肯定。对于有退休金等类似收入的无劳动能力的继承人，不能轻易认定为"特别困难"。

二、继承回复请求权的行使

经典案例

林某甲与吴某某、陈某某、林某乙、林某丙物权保护纠纷案

经典案例
判决书原文

[基本案情]

原告陈某某与林某丁生前系夫妻关系，二人育有长子林某乙、次子林某丙。2002 年 3 月 5 日，杨某某与林某丁生育一子，即原告林某甲。2010 年 2 月 26 日，林某甲向台湾地区士林地方法院提起诉讼，台湾地区士林地方法院依林某甲申请对林某甲、生母杨某某及林某丁留存于该院的组织进行亲子血缘鉴定，并作出判决，确认林某甲与林某丁亲子关系的存在。

另查明，2003 年，林某丁购买了位于厦门市思明区禾祥西路 12 号 1502 室的房产，建筑面积 279.7 平方米，登记在原告陈某某名下。2008 年 12 月 3 日，林某丁于台湾地区病故。2009 年 5 月 18 日，原告陈某某与被告吴某某签订一份《厦门市房地产买卖合同》，将上述房屋以每平方米 4000 元，总价款 111.88 万元出卖给吴某某，并于 2009 年 7 月 20 日办理了产权过户登记手续。原告林某甲知晓后向厦门市思明区人民法院提起诉讼，请求确认上述房屋买卖合同无效，并确认林某甲作为共同共有人有继续保管、使用讼争房屋的权利，厦门市思明区人民法院经审理认为，林某丁去世后，其配偶陈某某、其婚生子林某乙、林某丙，非婚生子林某甲为法定继承人，讼争房产系林某甲与陈某某等共有人共同共有，陈某某处分该讼争房屋时未经林某甲同意，出卖该不动产的行为系无权处分，同时由于吴某某取得该不动产的所有权并不构成善意取得。该院判决：①陈某某与吴某某于 2009 年 5 月 18 日签订的《厦门市房地产买卖合同》无效；②林

某甲作为共有人依法享有继续保管、使用位于厦门市思明区禾祥西路 12 号 1502 室的房产的权利。原告起诉，请求法院判令被告吴某某将厦门市思明区禾祥西路 12 号 1502 室房屋权属办理过户登记给原告林某甲及陈某某、林某乙、林某丙 4 位共同共有人。

[**法律问题**]

1. 就本案中所涉房屋（厦门市思明区禾祥西路 12 号 1502 室），法院应当如何处理？

2. 继承回复请求权是否有对抗第三人的效力？

[**参考结论与法理精析**]

（一）法院意见

根据已生效（2009）思民初字第 10887 号民事判决认定，林某丁去世后，其配偶陈某某、其婚生子林某乙、林某丙，非婚生子林某甲为法定继承人，讼争厦门市思明区禾祥西路 12 号 1502 室房产在进行夫妻财产分割后剩下的部分属于林某丁的遗产，遗产未分割之前属于陈某某与林某甲等继承人共同共有，陈某某在未经其他共同共有人的同意情况下，出卖该房产，侵害了其他继承人的继承权，其他继承人可以请求法院通过诉讼程序予以保护，以恢复其继承权，理论上称之为继承权回复请求权。

继承权回复请求权是遗产标的物返还请求权，被侵权的继承人行使继承回复请求权后，基于其对于继承之财产物权的追及效力可以请求受让遗产的第三人返还该遗产，但第三人受让遗产构成善意取得的除外。[1] 本案中，吴某某取得该不动产的所有权并不构成善意取得，法院判决陈某某与吴

---

[1] 余延满、冉克平："继承回复请求权研究"，载《重庆大学学报（社会科学版）》2003 年第 5 期。

某某于 2009 年 5 月 18 日签订的《厦门市房地产买卖合同》无效后，原告林某甲有权行使继承权回复请求权，直接要求被告吴某某返还遗产，并办理房屋权属过户登记，无需先将讼争房产过户至陈某某名下再进行析产。陈某某、林某乙、林某丙、林某甲作为林某丁的法定继承人，均未表示放弃继承，因此，原告要求被告吴某某将厦门市思明区禾祥西路 12 号 1502 室房屋权属办理过户登记给原告林某甲及陈某某、林某乙、林某丙四位共同共有人，符合法律规定，本院予以支持。

（二）继承回复请求权的行使

继承回复请求权是继承法的一项重要制度，是区别于物权请求权的一项独立权利。对它的把握应当从两个角度进行：确认继承资格和请求遗产回复。后者类似于物权请求权的效力。继承因被继承人的死亡而开始，但是继承人在继承开始时，不一定就伴随着现实的标的物之占有、支配。实践中可能存在：丧失继承权人或后顺序继承人占有、支配继承财产；[1] 真正继承人排出其他共同继承人（包括代位继承人）而占有支配集成财产；无权占有人占有支配遗产。这个时候，赋予继承人继承回复请求权，对于保护真正继承人的利益具有重要意义。一个关键意义是继承回复请求权的不特定性，不要求对象遗产的实际存在，可以就继承资格提起诉讼。这相较于《物权法》上的原物返还请求权而言，具有优越性，一方面减轻了继承人的诉讼负担，不需要就一个一个遗产提起诉讼或承担举证；另一方面，继承人可以在遗产分割之前提起诉讼，先将财产归为继承共有的状态，再由继承人之间协商分割，提高了诉讼效率，减轻了时间上的负担。

继承回复请求权的成立要件包括三个层面：首先，需要

---

〔1〕 骆东升："继承回复请求权若干法律问题研究"，载《大连理工大学学报（社会科学报）》2013 年第 2 期。

不真正继承人已经事实上排除了真正继承人对财产的占有、管理和支配；其次，占有人本身是无权占有；最后，继承权被侵害。准确把握继承回复请求权的行使条件，对于平衡继承人和交易秩序稳定具有重要意义。

（三）继承回复请求权是否有对抗第三人的效力

对于继承回复请求权的效力，我们可以比照物权返还请求权进行理解。所以，对于第三人的情况，如果第三人明知出卖人非真正继承人，则继承人可通过行使回复请求权要回遗产；但如果第三人构成善意取得的，则遗产所有权已经发生转移，那继承人只能够通过确认继承资格，请求出卖人，也就是不真正继承人（或共同继承人之一）赔偿其损失。

➡️ 拓展案例

吴某甲与吴某乙法定继承纠纷案

［基本案情］

拓展案例
判决书原文

吴某某与章某某系夫妻关系，育有抚养成人的一女一子即吴某甲、吴某乙。吴某某生于 1912 年 7 月 25 日，卒于 1996 年 3 月 6 日。章某某生于 1911 年 2 月 13 日，卒于 2001 年 7 月 25 日。吴某某的父母先于吴某某死亡，章某某的父母亦先于章某某死亡。1982 年吴某某花费 2360 元自孙锡忠处购置鲍巷十七号住房一间（后该房屋门牌号码××）。1990 年 6 月 21 日，无锡市房地产管理局填发房屋所有权证，载明：所有权人吴某某，房屋坐落鲍巷 53 #，房地号 254359，间数壹，建筑结构混合，层数平，建筑面积 25.4 平方米，东、北、西面合墙。该房屋土地权属性质集土（宅基地），土地使用者吴某某，土地坐落锡山村鲍巷 53 号，核准宅基地面积 24.65 平方米。审理中，经本院实地走访，鲍巷 53 号房屋没有取得建筑审批手续，已在原地由 1990 年的平房翻建成三层楼房，其一楼建筑面积与房屋所有权证载明的建筑面积基本一致。

2014 年 5 月 12 日，吴某甲诉讼来院要求继承鲍巷 53 号房屋二分之一的权利，本院经审理于 2014 年 11 月 3 日作出（2014）南民初字 783 号民事裁定书，认为本案涉及对违法建筑的认定和处理，法院不应受理，裁定驳回吴某甲的起诉。吴某甲不服上诉至无锡市中级人民法院，该院经审理于 2015 年 1 月 29 日作出（2015）锡民终字第 78 号民事裁定书，认为鲍巷 53 号现有房屋是否涉及违建，与吴某甲对 34880 所有权证所对应的房屋是否享有继承权之间并无必然联系，裁定撤销本院（2014）南民初字第 783 号民事裁定，本案由本院继续审理。

[法律问题]

1. 本案中应当如何确定涉案房屋（鲍巷十七号）的权属状况？

2. 违章建筑物能否作为继承回复请求权的行使对象？在这一点上，与物权法上的确权诉讼是否存在不同？

[重点提示]

不动产物权的设立、变更、转让和消灭，自记载于不动产登记簿时发生效力。鲍巷 53 号房屋在原地由平房翻建为三层楼房，所有权证项下房屋所有权并未消灭。被继承人吴某某、章某某对身后遗产继承事宜未有遗嘱，故鲍巷 53 号所有权证项下房屋的继承应在吴某某、章某某死亡时开始并按法定继承办理。继承人吴某甲、吴某乙均未表示放弃继承，视为接受继承，鲍巷 53 号所有权证项下房屋在继承开始后未分割前即为吴某甲、吴某乙共同共有。

三、遗产的分割请求权与继承回复请求权行使之诉讼时效

▶ 经典案例

张甲与王乙、王甲、王丙所有权确认纠纷案

[基本案情]

经典案例
判决书原文

王乙、王甲、王丙的母亲张乙与王丁原系夫妻，居住在原乌鲁木齐市人民公园北街9号，户籍登记两人共有子女五人，其中长女王甲，次女王乙，长子王戊（王丁前妻所生，1953年2月出生），次子王丙，四女王己（1972年6月22日出生）。1983年，张乙与王丁离婚，于1989年和王戊结婚。1994年9月23日，张乙与王己将户籍从扬子江路派出所迁出，迁出地址为公园北街9号，迁入地址为胜利路养路总段，落户至三甬碑路28号平5栋4号，并将张乙的出生日期由1947年3月19日更改为1947年12月19日，将王己更名为张甲，出生日期更改为1972年6月24日。2003年，王戊所在单位乌鲁木齐市公路管理局福利分房，王戊分得位于乌鲁木齐市大湾南路851号6栋2层3单元202室房屋一套。2004年1月25日，王戊去世后，张乙取得该房屋的所有权证书。2008年10月27日张乙去世。2008年12月24日，经张甲申请，乌鲁木齐市第二公证处作出（2008）新乌证内字第25794号继承权公证书，内容为："被继承人王戊和其妻子张乙共同遗留住房一套，该房产位于乌鲁木齐市天山区大湾南路851号6栋3单元202室（建筑面积84.5平方米）……被继承人的上述遗产由女儿张甲一人继承。"次日，张甲在房产部门办理转移登记，并取得房屋权属证书。2014年4月28日，王乙、王甲、王丙诉至法院，提出了确认诉争案件所有权的诉讼请求。

[法律问题]

1. 本案中,法院应当如何处理原告的诉讼请求,即继承回复请求权的行使?

2. 继承回复请求权的行使是否受时效的限制?

[参考结论与法理精析]

(一)法院意见

从王乙、王甲、王丙三人提交的户籍登记信息及迁移证中所记载的内容反映,张乙的户籍迁入迁出情况可以前后衔接,能够证实诉争房屋的原所有权人张乙与户口底卡中登记的张乙系同一人。从户口底卡中显示,王乙、王甲、王丙均为张乙的子女,且从 1976 年起登记在同一户籍中,至 1994 年才逐步分户。根据张甲取得诉争房屋所依据的(2008)新乌证内字第 25794 号公证书内容反映,该公证书认定张乙、王戊只有张甲一位继承人,此内容与事实不符。即使王丙认可其帮助张甲办理了继承权公证,但没有证据显示王乙、王甲不具有继承张乙财产的资格,或其明确放弃继承张乙财产的权利,故该公证书不能作为确定诉争房屋权利的依据,张甲依据该公证书取得的诉争房屋所有权应属无效。

王乙、王甲、王丙原审诉讼请求为“确认张甲依据(2008)新乌证内字第 25794 号公证书取得位于乌鲁木齐市天山区大湾南路 851 号 6 栋 2 层 3 单元 202 室住房的所有权无效”,原审法院判决为“张甲依据(2008)新乌证内字第 25794 号公证书取得位于乌鲁木齐市天山区大湾南路 851 号 6 栋 2 层 3 单元 202 室住房的所有权的行为无效”,该判决主文表述有误,本院予以纠正。本案系所有权确认纠纷,对物权所有权而言,不应受到诉讼时效的限制,故对张甲认为本案违反诉讼时效有关规定的上诉理由,本院不予支持。

(二)继承回复请求权行使之时效

我国《继承法》第 8 条规定:“继承权纠纷提起诉讼的

期限为 2 年，自继承人知道或者应当知道其权利被侵犯之日起计算。但是，自继承开始之日起超过 20 年的，不得再提起诉讼。"这是关于继承回复请求权的限制。

继承回复请求权包含两个层次：一方面是请求原物返还的物权效果，这时受到 2 年诉讼时效的限制，是为了保护物权权属秩序的稳定。诉讼时效经过会导致抗辩权发生的效果，占有人可以时效经过为由拒绝抗辩。另一方面是确认继承资格也就是所有权的归属，这时不受诉讼时效的限制。

（三）遗产分割请求权行使之诉讼时效

最高人民法院《民通意见》第 177 条规定："继承的诉讼时效按继承法的规定执行。但继承开始后，继承人未明确表示放弃继承的，视为接受继承，遗产未分割的，即为共同共有。诉讼时效的中止、中断、延长，均适用民法通则的规定。"根据我国《继承法》的规定，被继承人死亡时，其遗产权利概括地变成继承人财产或共同财产。但遗产的共同共有是暂时、过渡性的状态，遗产分割并归属于每个继承人才是目的。如果在遗产分割中，有继承人超越其应继承份额多占遗产引起纠纷，实质上是在否认其他继承人的继承权，进而导致继承回复请求权的产生，应适用《继承法》第 8 条的规定。

而遗产分割请求权本身是共有物分割请求权，其行使应当遵循继承自由的原则，不受诉讼时效的限制。[1] 所以，单纯就遗产分割请求权而言，其行使不受诉讼时效的限制；而如果涉及纠纷需要行使继承回复请求权，则受《继承法》第 8 条中 2 年诉讼时效的限制。这种不同是由于 2 个权利的性质不同导致的。虽然都是规定在《继承法》中，继承回复请求权包含财产回复的效果而遗产分割请求权则是对共有物

---

[1] 危薇："继承回复请求权的时效问题研究"，载《贵州民族大学学报（哲学社会科学版)》2013 年第 3 期。

的分割。因此在实践中要准确界定这两种权利，并适用不同的时效制度。

拓展案例

原告徐某与被告金某甲、金某乙代位
继承纠纷案

[基本案情]

金某丁与金某戊系夫妻关系，生育一子三女，分别为长子金某丙（亦称金钰芳）、长女金某甲、次女金水萍（已死亡）和三女金某乙，徐某（原名金燕）系长子金某丙之女。1986年3月，金某丙与徐玉英离婚，徐某（原名金燕）由金某丙抚养教育。1988年4月，经杭州市上城区人民法院调解徐某（原名金燕）改由徐玉英抚养教育。金某丙于1994年1月4日死亡，金某丁于1996年12月19日死亡。坐落于杭州市拱墅区大关南三苑5幢1单元301室房屋原系公有住宅，由金某丁承租。2000年7月26日，杭州市拱墅区房地产管理局作为住房出售单位即甲方，金某丁作为住房购买人即乙方，签订了《公有住房买卖协议书》，约定甲方同意将坐落于杭州市拱墅区大关南三苑5幢1单元301室房屋出售给乙方，乙方以现金一次性付清全部房款13 995.55元，胡某甲（金某甲丈夫）在协议书乙方签名处签署"胡某甲代"并加盖金某丁印章。2000年7月27日，以金某丁名义缴纳了房款及维修基金共计14 331.38元。2000年8月30日，通过房改购房，杭州市拱墅区大关南三苑5幢1单元301室房屋所有权登记至金某丁名下。原告徐某诉至法院，请求判令原告对坐落于杭州市拱墅区大关南三苑5幢1单元301室房屋享有继承权并进行分割。

拓展案例
判决书原文

[**法律问题**]

1. 本案涉案房屋作为遗产时，其权属状况或者作为遗产的分割状况如何？

2. 徐某提起代位继承诉讼是否超过诉讼时效？

[**重点提示**]

《中华人民共和国继承法》第 8 条关于诉讼时效的规定是针对继承权纠纷提起的诉讼，权利人基于继承回复请求权而提起诉讼，应当适用诉讼时效制度。但是，本案中被继承人金某丁的遗产尚未进行分割，徐某提起本案诉讼乃基于继承中发生的共有物分割请求权。因共有物分割请求权不适用诉讼时效，共同继承人作为共有人得在任何时间要求分割遗产。而就涉案房屋的分割，对被继承人尽了主要扶养义务或者与被继承人共同生活的继承人，分配遗产时，可以多分。

第十五章　继承合同

知识概要

继承合同制度起源于日耳曼法，广义的继承契约兼指继承权赋予与继承权抛弃两种契约。欧洲的德国、瑞士等国是较为完整地继受了继承合同制度的国家，在上述国家民法中，继承合同主要是指被继承人与继承人或者继承人之外的其他人签订的有关遗产的取得、遗赠等方面内容的契约。我国目前继承法中关于继承合同制度的规定较少，仅有《继承法》第31条规定的遗赠扶养协议制度。此外，继承人之间就继承问题签订的协议虽并不属严格意义上继承合同之范围，但由于其亦属于继承过程中的意思自治，且在我国司法实践中较为常见，故在本章最后一节一并做介绍及分析。

一、遗赠抚养协议

经典案例

毛某某、龙某某诉梅某某遗赠扶养协议纠纷案

[基本案情]

1987年2月17日，出家人毛某某、龙某某立下代书遗嘱。遗嘱主要内容为："毛某某、龙某某师徒二人因年高缺乏劳动力，目前生活无人奉养，只有我的亲外甥梅某某可以寄托我们的晚年，为此，经亲邻朋友证明，当人移交给梅某

经典案例
判决书原文

某继承我原建的住房三间,但我师徒二人的生前生活要梅某某负责到底,我们死后要梅某某风光安埋,我自立字据之日起这一屋三间的主权属梅某某所有,任何人不得侵犯干涉,空口无凭立遗嘱一纸为据。"3月6日,三人到贵州省赫章县公证处公证。公证文书名为"赠与书",主要内容为:"赠与人毛某某、龙某某、受赠人梅某某,赠与人毛某某、龙某某的平房三间,现因年老多病又无其他亲人,自愿将上述房屋有条件的赠与侄梅某某,从赠与书生效之日起,产权即归梅某某所有,同时梅某某必须负责毛某某、龙某某的生养死葬。"公证员与梅某某谈话记录显示,梅某某表示:老人在世时负责吃、穿,死时负责安葬。如不尽"赠与书"所说的义务,老人有权收回财产。

协议签订后,毛、龙二人将房屋交付梅某某,梅某某也给毛、龙二人提供了粮食、蔬菜等。同年,梅某某在征得毛、龙二人同意后,对房屋进行重建,将该房屋拆除并修建成面积为 120 平方米砖混结构一楼一底的房屋,花费约 15 000元。拆房之初,毛、龙二人向城关镇居委会借房居住。但房屋建好后,梅某某并未将毛、龙二人接回,而是将该房用作经营,楼上开旅馆,楼下开餐馆。1990 年,梅某某与毛、龙二人双方产生矛盾,关系进一步恶化。梅某某即放弃了对毛、龙二人的扶养。赫章县公证处、城关镇居委会曾多次调解均无结果。1991 年 6 月 5 日,毛、龙二人以"房屋是有条件赠与,现梅某某对我们不尽义务"为由,起诉至赫章县人民法院,请求解除遗赠关系并归还房屋和其他财产。

赫章县人民法院审理认为,毛、龙二人与梅某某之间的遗赠扶养协议属实,但梅某某未尽到生养义务,双方矛盾逐渐加深,关系日趋恶化,致使原告拒绝梅某某对其扶养,遗赠扶养协议难以继续维持。原告毛、龙二人所赠房屋及财产,梅某某理应返还。梅某某翻修后的房屋与原房屋之间的差价,毛、龙二人应适当补偿。1991 年 11 月 5 日,赫章县人民法院以（1991）赫法民字第 437 号民事判决书判决：①毛、龙与梅某某所订立的赠与合同，至本判决生效起废止；②翻建的房屋归毛、龙所有；③由毛、龙付给梅某某 15 000 元。

梅某某不服一审判决，向毕节地区中级人民法院提出上诉。毕节地区中级人民法院审理认为：梅某某与毛某某、龙某某签订遗赠扶养协议后尽了一定的义务，后双方发生纠纷。梅某某征得毛某某、龙某某同意后才拆除原房修建的，原房屋已不存在，梅某某原住房已出卖，现无房居住，因此对毛某某要求返还原房屋的诉讼请求不予支持。双方不能继续履行"遗赠扶养"协议，应由梅某某对毛某某、龙某某的原房折价赔偿。1992 年 5 月 13 日毕节地区中级人民法院作出（1991）民上字第 592 号民事判决书，判决：毛、龙与梅某某所订立的赠与合同，至本判决生效起废止；新建房屋归梅某某所有，由梅某某付给毛某某、龙某某人民币 15 000 元。

二审判决后，毛、龙二人向检察机关申诉。7 月，龙某某因病死亡，当地群众集资将其安葬。贵州省人民检察院经审查认为，根据《中华人民共和国继承法》的规定，遗赠扶养协议是一种附条件的法律行为。扶养人只有在全面、切实履行协议规定的"生养死葬"义务后，方可享受接受遗赠物的权利，梅某某拒绝履行对毛、龙二人的扶养义务，二审法院却判决房屋归其所有，适用法律错误。且经检察机关调查，梅某某另有房屋居住。1993 年 8 月，贵州省人民检察院就本案向贵州省高级人民法院提出抗诉。1993 年 9 月，贵州省高级人民法院指令毕节地区中级人民法院再审。毕节地区中级人民法院再审认为：梅某某与毛、龙所签订的遗赠扶养协议，是附条件民事法律行为，其所附条件符合，协议自然生效，否则反之。梅未能很好地履行生养义务，其所改建之房应归还，毛、龙对梅作适当补偿。基于上述认识，毕节地区中级人民法院以（1994）民再终字第 20 号民事判决书判决维持一审判决。

梅某某不服毕节地区中级人民法院的再审判决，向贵州省高级人民法院提出申诉。1995 年 11 月 6 日，贵州省高级人民法院裁定对本案提审。贵州省高级人民法院经审理认为：毛、龙与梅某某签订的"赠与书"是双方真实意思表示，并经公证，应认定为合法有效，该"赠与书"不是遗赠扶养协议，亦不是附条件的法律行为，应认定为合法有效的有条件的赠与合同。从该赠与合同的履行情况看，房屋所有权已转归梅某某所有，毛、龙也接受了梅某某的扶养。毛、龙二人要求收回房屋的理由不充分。该院以（1995）黔民再字第 3 号民事判决书判决：①撤销毕节地区中级人民法院（1994）民再终字第 20 号民事判决和（1991）民上字第 592 号民事判决以及赫章县人民法院（1991）赫法民字第 437 号民事判决；②诉争之房屋归梅某某所有；③梅某某支付毛某某从 1991 年 2 月至今的生活补助费 5000 元人民币；④自本判决生效之日次日起，梅某某每月支付给毛某某生活费 200 元，直到毛某某死亡；⑤毛某某的住院医疗费及死亡安葬由梅某某负责。贵州省高级人民法院再审判决送达后，梅某某依据该判决支付给毛某某生活补助费 5000 元，但毛某某拒收，故存放于赫章县人民法院。1995 年 5 月 3 日毛某某立下遗嘱，在其死后由赫章县城关镇居委会作为其权利承受人。1996 年 1 月 9 日，毛某某死亡，梅某某依据贵州省高级法院的上述判决办理了毛某某的后事，共计支出 13 717. 38 元。

贵州省人民检察院认为贵州省高级人民法院（1995）黔民再字第 3 号民事判决确有错误，依法向最高人民检察院提请抗诉。赫章县城关镇居委会作为毛某某的权利承受人，亦向最高人民检察院提出申诉。1996 年 12 月 16 日最高人民检察院审理后，以高检发民行抗字（1996）第 6 号民事抗诉书，向最高人民法院提出抗诉。

［**法律问题**］

1. 你认为本案中毛某某、龙某某与梅某某之间的关系是遗赠扶养关系，还是如贵州省高级人民法院所说的单纯的赠与关系？

2. 现行遗赠抚养协议制度有哪些不足之处？

［**参考结论与法理精析**］

（一）法院意见

最高人民检察院认为贵州省高级人民法院（1995）黔民再字第 3 号民事判决存在下列问题：

1. 贵州省高级人民法院再审判决认定毛某某和龙某某将其所有的房屋和其他财产赠与梅某某，经公证以后，梅某某即取得该财产的所有权，不符合客观事实。毛、龙与梅签订的遗赠扶养协议，是以遗嘱的形式作出的。在公证过程中，经办的公证员本应公证该遗嘱，但却另行起草《赠与书》进行公证。尽管如此，该赠与书的内容仍然是在遗赠财产的同时，梅某某必须承担毛某某二人的生养死葬义务。该民事法律关系的基本特征，仍然是遗赠扶养协议。且梅某某虽然占有毛某某、龙某某的财产，但是，无论在毛某某、龙某某的生前还是死后，其房屋的所有权都没有过户，至今仍为毛某某二人的遗产。再审判决认定《赠与书》有效，梅某某已经取得了毛某某二人的财产所有权，违背事实。

2. 贵州省高级人民法院再审判决认定梅某某对毛某某、龙某某尽了生养死葬义务，与事实不符。再审判决认定梅某某在签订了赠与书以后，双方关系尚好，其扶养事实，双方均予以认可，梅某某向毛某某二人提供生活日用品及钱物均是事实。但客观事实是，梅某某在《赠与书》公证以后，仅向毛某某二人提供了部分钱物，与毛某某二人的生活需要相差悬殊；且梅某某在占有了毛某某二人的房屋以后，用毛某某的房屋经营饭店和旅店，却不再提供任何生活用品及钱款，毛某某二人的生活靠拾破烂、借种他人土地和 20 多名群众以及城关镇居民委员会、城关镇下街村委会的接济帮助来维持。事实证明，梅某某与毛某某签订遗赠扶养协议的真实意图，就是企图侵占毛某某二人的遗产，在得到遗产以后，即不再承担扶养义务。对于这种违背社会主义公德的恶意行为，再审判决却予以支持，严重侵害了当事人的合法权益。

3. 贵州省高级人民法院再审判决将遗赠扶养协议确定的权利义务，按照有条件的赠与合同确认当事人的权利义务，适用法律确有错误。再审判决认定，赠与书为合法有效的有条件的赠与合同，从赠与生效之日起，所赠的房屋及其他财产即归梅某某所有，同时梅某某承担毛某某二人的生养死葬的义务，这两个内容同时生效。这一认定混淆了遗赠扶养协议与赠与合同的法律界限，违背了《中华人民共和国民法通则》规定的公平、正义、等价有偿原则，违背了《中华人民共和国继承法》第 21 条关于"遗嘱继承或者遗赠附有义务的，继承人或者受遗赠人应当履行义务。没有正当理由不履行义务的，经有关单位或者个人请求，人民法院可以取消他接受遗赠的权利"的规定，同时，也违背了《最高人民法院关于贯彻执行〈中华人民共和国继承法〉若干问题的意见》第 56 条关于"抚养人或者集体组织与公民订有遗赠扶养协议，扶养人或者集体组织无正当理由不履行，致协议解除的，不能享有受遗赠的权利，其支付的供养费用一般不予补偿"的规定。再审判决在扶养人不履行抚养义务的情况下，判令在遗嘱人死亡前其遗赠物就已经转移了所有权，适用法律确有错误。

最高人民法院受理抗诉后，指令贵州省高级人民法院对本案进行再审。1998 年 4 月 26 日，贵州省高级人民法院裁定对本案进行再一次再审。该院再审认为：毛、龙所立下的遗嘱及公证的"赠与书"的内容为梅某某在接受遗赠财产的同时必须承担毛、龙二人的生养死葬义务，从梅某某对毛、龙所赠与的房屋进行修建需征求毛、龙二人同意的事实表明，梅某某虽然占有了毛、龙二人的财产，但房屋的所有权没有过户，其产权的合法转移应在梅某某对毛、龙二人尽了生养死葬义务后才得以实现，据此，双方协议的真实意思表示应为遗赠扶养的法律关系。赫章县公证处将双方协议的文书公证为"赠与书"，将遗赠扶养的法律关系变更为赠与法律关系，违背了《中华人民共和国民法通则》规定的公平、等价有偿原则，亦违背了毛某某、龙某某的真实意思表示，该"赠与书"应属无效。梅某某对毛某某、龙某某二人没有完全履行生养死葬义务，在当地造成不良影响，依法不能享有受遗赠财产的权利。原再审判决认定"赠与书"有效，双方签订的协议属有条件的赠与合同适用法律不当，应予以改判。最高人民检察院的抗诉理由成立。贵州省高级人民法院于1999年2月26日作出（1998）黔民再字第25号民事判决：诉争之房归毛某某的权利承受人赫章县城关镇居委会所有；由赫章县城关镇居委会给付梅某某房屋修建费15 000元，毛某某安葬费13 717.38元；存放于赫章县人民法院的梅某某支付给毛某某的生活补助费人民币5000元归梅某某所有。

（二）遗赠扶养制度

遗赠扶养协议是指受扶养人与扶养人之间签订的，明确双方之间扶养和遗赠关系的协议。我国的遗赠扶养制度源于我国在计划经济时期所实行的"五保"制度。所谓"五保"，是指由农村集体为年老、残疾等无劳动能力，无生活依靠的人提供吃、穿、住、医、葬的保障，是社会福利的一种。1985年颁布的《继承法》以法律的形式对这一制度进行肯定与发展，确立了遗赠扶养制度。《继承法》第31条规定："公民可以与扶养人签订遗赠扶养协议。按照协议，扶养人承担该公民生养死葬的义务，享有受遗赠的权利。公民可以与集体所有制组织签订遗赠扶养协议。按照协议，集体所有制组织承担该公民生养死葬的义务，享有受遗赠的权利。"遗赠扶养协议的本质是继承法上的双务有偿、要式、诺成合同，与此同时，其还具有主体特定的特点，并且根据《继承法》的规定[1]，遗赠扶养协议具有优先于法定继承、遗嘱继承的优先效力。

遗赠扶养协议可以维护老年人的合法权益，发扬"老吾老，以及人之老"的中华民族传统美德，减轻国家和社会的负担，弥补社会福利保障制度的不足，具有重要的现实意义。但是由于《继承法》及其司法解释是1985年制定的，有其独特的时代背景，随着社会经济生活的发展，现行遗赠扶养协议也呈现出一些不足之处。

这种不足之处首先表现在现行遗赠扶养协议的主体限制过于严格。根据《继承法》的相关规定[2]，受遗赠的自然人只能是法定继承人以外的人，对被继承人进行扶养是法定继承人的法定义务无需进行约定并支付对价，因此，学界及实践界的主流观点均认为法定继承人不能成为遗赠扶养协议中的扶养人。但是试想，如果需要扶养的被继承人不愿意选择他人扶养，而宁愿支付一定对价来得到法定继承人的扶养，而此种对价又确能使法定继承人负担起抚养义务时，法律不应当对此进行过多的干涉。毕竟这样既能够"通过有偿的方式对社会力量扶助老弱病残者的行为进行鼓励，也能对法定继承人积极履行抚养义务起到间接的督促作用"[3] 另外，现行遗赠扶养制度将可以作为扶养人的组织限定于集体

---

〔1〕《继承法》第5条："继承开始后，按照法定继承办理；有遗嘱的，按照遗嘱继承或者遗赠办理；有遗赠扶养协议的，按照协议办理。"

〔2〕《继承法》第16条第3款："公民可以立遗嘱将个人财产赠给国家、集体或者法定继承人以外的人。"

〔3〕任丹丽："遗赠扶养协议性质探析——我国继承法及其司法解释相关法条评析"，载《黑龙江省政法管理干部学院学报》2006年第6期。

所有制组织，这是基于当时的社会情况作出的规定，目前随着我国经济生活的发展，各种各样的组织层出不穷，商业性的养老机构也愈发健全，可作为扶养人的组织范围应当顺应时代的发展进行扩大。

其次，关于遗赠扶养协议的违约和解除也存在一定不合理之处。最高人民法院《关于贯彻执行〈中华人民共和国继承法〉若干问题的意见》第56条规定："扶养人或集体组织与公民订有遗赠扶养协议，扶养人或集体组织无正当理由不履行，致协议解除的，不能享有受遗赠的权利，其支付的供养费用一般不予补偿；遗赠人无正当理由不履行，致协议解除的，则应偿还扶养人或集体组织已支付的供养费用。"此规定中，扶养人与被扶养人双方权利义务是否平等值得商榷。遗赠扶养协议本质上属于合同的一种，《合同法》第97条指出，合同解除后，尚未履行的，终止履行；已经履行的，根据履行情况和合同性质，当事人可以要求恢复原状、采取其他补救措施，并有权要求赔偿损失。而根据在计划经济时代制定的最高人民法院《关于贯彻执行〈中华人民共和国继承法〉若干问题的意见》第56条的规定，在扶养人违约的情况下，其一般不能取回其花费的抚养费用，对其之前已经履行的部分一笔勾销，似与现在社会主义市场经济理念不符。另外，在被扶养人违约的情况下，扶养人只有取回其支付的供养费用的权利，对于其所付出的心血、劳务等价值没有相关补偿，且没有赋予其保护其受遗赠权利的救济方式，是对扶养人的极大不公。比较法上，具有继承契约制度的国家一般赋予扶养人相应的不安抗辩权、代位权和撤销权，并支持追究被抚养人的违约责任，以保障扶养人的利益。

遗赠扶养制度虽然在我国设立多年，但是在实践中仍经常出现争议，这一方面是由于法律的陈旧简单，另一方面也是因为我国公民及相关组织机构对于遗赠扶养制度认识不足。例如，本案中的当事人毛某某、龙某某两人，根据案情描述可推想，2 人在立下遗嘱时所欲达到的是遗赠扶养的目的，但是在协议中又出现了"我自立字据之日起这一屋三间的主权属梅某某所有，任何人不得侵犯干涉"等与遗赠扶养协议内容不符的表述；而贵州省赫章县公证处在对该遗嘱进行公证时又以"赠与书"为名，作出"从赠与书生效之日起，产权即归梅某某所有"的公证表述，由此导致了之后法院审理中对于该协议是遗赠扶养协议还是赠与合同的性质认定分歧。

➡️ 拓展案例

邱某某与代某某遗赠抚养协议纠纷案

[基本案情]

拓展案例
判决书原文

2011 年 4 月 24 日，原告邱某某与被告代某某签订了名为《土地承包合同协议书》的协议书一份，协议书的主要内容为原告邱某某所有的承包土地由被告代某某进行耕种，被告应负责原告的生养死葬。协议签订后，原告邱某某将其承包土地交由被告进行耕种，但是被告未按照协议对原告履行实质性的赡养义务。在此期间，被告仅在节日时看望原告，原告仍由继子田某某赡养。2016 年正月原告要求被告退回属于自己的责任田，被告不同意，双方多次经乡政府及街道办事处调解，均未达成协议，故原告诉至湖南省吉首市人民法院，请求依法判令解除原、被告双方于 2011 年 4 月 24 日签订的《土地承包合同协议书》。

被告辩称，本案以遗赠抚养协议纠纷作为案由是不正确的。因为根据《继承法》相关规定，遗赠中所涉及遗产应为公民的个人合法财产，而承包土地不能作为遗产进行继承。故双方遗赠抚养协议无效，现原、被告之间订立的是《土地承包合同书》，承包土地的转让并不违法，且经过村集体同意，故本案应属农村土地承包经营权转让合同纠纷，应由《农村土地承包法》及《农村土地承包经营权流转管理办法》予以调整。

湖南省吉首市人民法院认为：双方争议焦点在于该协议书的性质。原告认为该协议书是一份遗赠抚养协议，被告则认为以土地经营权作为遗赠抚养内容不合法，双方对抚养原告的约定是无效的民事法律行为，该协议为土地承包经营权转让合同。该协议书的主要内容为：原告的所有承包土地由被告耕作，被告承担原告生养死葬义务。

湖南省吉首市人民法院认为，该协议书虽名为《土地承包协议书》，但实为遗赠抚养协议，理由如下：首先，双方当事人均确认协议书中所涉及的承包土地使用权人为原告，被告通过利用原告土地获取利益对原告尽抚养义务，双方意思表示真实，不违反法律及禁止规定，且该协议对承包土地的约定也仅仅是土地流转的一种形式，未涉及原告死亡后对原告承包土地的处分，即未将原告的土地承包经营权进行处分；其次，从原、被告双方是否按照协议书履行了各自的义务来看，协议书订立后，原告将其承包土地交由被告耕作使用，被告实际取得了原告承包土地的经营使用权，原告履行了协议书确定的义务。然而多年来，被告却未能实质性尽到对原告的赡养义务，虽然平时被告在节日里也看望原告，但原告一直跟随其继子女生活，由其继子女照顾日常生活起居，被告的行为表明其未能履行协议书中对被告义务的约定。故现原告主张解除双方订立的协议书并无不当。

被告认为本案为农村土地承包经营权流转纠纷的辩解不成立。理由是：首先，双方协议书中未对原告死亡后原告土地承包经营权进行处分，被告所享有的仅仅是原告生前的土地承包经营权利；其次，被告通过使用原告承包土地获取收益对原告尽抚养义务的约定并不违法。

综上所述，原告以被告未能履行《土地承包合同协议书》为由，要求解除该遗赠抚养协议的理由成立，判决解除原告邱某某与被告代某某签订的《土地承包合同协议书》。

[法律问题]

1. 本案中，《土地承包合同协议书》的性质认定对案件的审判结果有何影响？

2. 如果村集体成员以其自留地作为遗赠物与他人签订遗赠扶养协议，该遗赠扶养协议是否有效？与本案中的承包土地经营权有何差别？

[重点提示]

遗赠扶养协议作为继承法上的契约具有与一般合同不同的特殊之处，此中不同尤其表现在财产权益的变动规则、协议解除规则以及解除之后法律效力上。对于农村的承包地，承包人依法享有土地承包经营权流转的权利。对于农村自留地，其成员仅享有使用权，不得出租、转让或买卖。

二、继承扶养合同

经典案例

张某甲与李某甲遗赠扶养协议纠纷案

[基本案情]

经典案例
判决书原文

原告张某甲与被告李某甲系母女关系，原告张某甲有四个女儿，被告李某甲为其第四个女儿，被告和其三个姐姐约定由其赡养母亲并且拥有母亲的财物。原告为了有个幸福的晚年，经柘城县司法局胡襄法律服务所见证，在2011年5月9日与被告签署一份遗赠扶养协议，协议约定被告负担原告的一切生活费、医疗费，原告的财产归被告所有。后原告诉至河南省柘城县人民法院，认为被告属于法定继承人并不是遗赠扶养协议书签订的主体，而且被告对原告未尽到扶养义务，为此请求法院确认"遗赠扶养协议书"无效。被告未答辩。

[法律问题]

1. 本案中的被告是否可以作为扶养人与原告签订遗赠扶养协议？

2. 继承人与被继承人之间签订的此类合同是否具有法律效力？

[参考结论与法理精析]

（一）法院意见

河南省柘城县人民法院认为：原告张某甲与被告李某甲系母女关系，被告李某甲对其母亲张某甲有赡养扶助的义务，也有继承其母亲财产的权利。原告提供的证据能够印证原被告之间签署"遗赠扶养协议书"的事实以及原、被告系母女关系，被告在使用和管理原告财物后对原告并未尽到扶养义务。遗赠扶养协议，是遗赠人与扶养人之间订立的，确定遗赠与扶养民事权利义务关系的协议。"扶养人"是指法定继承人以外的其他公民或集体所有制组织。遗赠扶养协议中的扶养人不能是法定继承人，因为法定继承人与被继承人之间具有法定的互相扶养和互相继承的权利义务关系，不需以协议的形式来确定。原、被告之间签订的"遗赠扶养协议书"，违反了法律、行政法规强制性规定，因此，原告要求确认遗赠扶养协议书无效，本院应予支持。因此，判决原告张某甲与被告李某甲签署的"遗赠扶养协议书"无效。

（二）继承扶养协议的效力

继承扶养协议是与遗赠扶养协议相对应的概念，是指被继承人与法定继承人之间签订的以继承与扶养为内容的协议。其在协议内容上与遗赠扶养协议具有相似性，但是在主体上具有较大的区别。正如上文所述，虽然《继承法》第

31 条规定了"公民可以与扶养人签订遗赠扶养协议。按照协议，扶养人承担该公民生养死葬的义务，享有受遗赠的权利"。并没有将法定继承人排除在遗赠扶养协议扶养人的范围之外，但是结合《继承法》第 16 条第 3 款[1]的规定对第 31 条进行体系解释，学界及实践中大多数观点认为法定继承人并非签订遗赠扶养协议的适格主体。

虽然法律上对于继承扶养协议没有作出明确规定，但是在现实生活中此种性质的协议频频出现，由此产生的纠纷也常见于法庭，此类案件中的法律适用也成为值得讨论的问题，继承扶养协议的性质到底为何？其法律效力又当如何认定？对于继承扶养协议的相关案件，法院审理中主要存在两种不同意见。第一种意见认为，《继承法》规定的遗赠扶养协议中的自然人扶养人必须是法定继承人以外的自然人，而本案中的扶养人是法定继承人，不符合法律规定，因此该协议无效。第二种意见认为，《继承法》第 31 条并没有对扶养人的范围作出限定，法定继承人作为扶养人与被继承人自愿签订遗赠扶养协议并不违反法律强制性规定，因此该协议有效。另有专家认为，此类协议虽类似于遗赠扶养协议，但在本质上应属于应继份的指定或者说是遗产分割方法的指定。该指定虽以协议方式作出，但确系被继承人真实的单方的意思表示，因此协议有效，应按照该协议进行继承。[2]

在目前的司法审判实践中，大多数法院与上述案例中审判法院一样持第一种观点，认为继承扶养协议无效，其理由一方面是基于上文所述的遗赠扶养协议主体限制的法律规定，另一方面是认为法定继承人对于被继承人的赡养义务应

拓展阅读

---

〔1〕《继承法》第 16 条第 3 款："公民可以立遗嘱将个人财产赠给国家、集体或者法定继承人以外的人。"

〔2〕 参见吴国平："论我国继承扶养协议制度的立法构建"，载《海峡法学》2013 年第 3 期。转引自王旭光、王华明："继承契约否定论"，载中国民商法律网 http://old. civillaw. com. cn/article/default. asp？id =57976，2017. 1. 2；最高人民法院人民法院出版社编印：《第三届国际民法论坛暨第九届法官与学者对话论坛论文集》，第 175～176 页。

当是法定的，不应由当事人约定并为此支付对价。但是，以上述理由认定继承扶养协议无效会产生一系列理论及实践上的难题：

1. 被继承人与继承人之间拥有意思自治的自由，同时被继承人也有按照自己的意愿分配自己遗产的自由。继承扶养协议作为合同的一种，是当事人之间意思自治的结果。《合同法》第 52 条规定，有下列情形之一的，合同无效：①一方以欺诈、胁迫的手段订立合同，损害国家利益；②恶意串通，损害国家、集体或者第三人利益；③以合法形式掩盖非法目的；④损害社会公共利益；⑤违反法律、行政法规的强制性规定。虽然《合同法》是否能够适用于具有身份性质的继承合同的问题存在争议，但是对于合同效力判断的标准应遵循相同的精神。继承扶养协议一方面没有损害第三人的利益，亦不会造成不良社会影响；另一方面，既然被继承人可以选择以遗产换取法定继承人之外的人的扶养，为何不能根据自由意志选择与自己关系更为亲近的继承人进行扶养呢？并且，继承扶养协议与应继分的指定存在相似之处，均为被继承人对自己遗产分割所做的安排，其处分的权利应得到尊重。

2. 针对"法定继承人对于被继承人的赡养义务应当是法定的，无需支付对价"的理由，笔者认为其忽略了扶养在现实生活中的真实情况。一方面，在被继承人有多个子女的情况下，如果某个特定继承人愿意接受对价从而承担比法定扶养义务更多的义务，法律不应作出过多干涉；另一方面，虽然法律规定了在子女不尽赡养义务情况下，被扶养人有权诉请赡养费，但是这并不能够完全解决老年人的扶养问题，毕竟扶养并不应当仅仅是物质上的，还应当包括生活上的帮扶等，法律不应该禁止其他合情合理、低成本解决赡养问题的方式。

3. 从实践角度来看，大量出现的继承扶养合同纠纷体现了目前社会对于继承扶养合同的现实需要。而且单纯地将此类合同认定为无效，还会导致实践上的难题。例如，已经实际履行了的继承扶养协议应当如何处理？

针对继承扶养协议的问题，相当多的学者借《民法典》制定的契机提出了自己的解决方案。例如，王利明教授主持的《中国民法典学者建议稿及立法理由》主张扩大遗赠扶养协议的主体范围，将法定继承人纳入其中；杨立新、杨震教授组织起草的《继承法修正草案建议稿》中直接增设继承扶养协议，与遗赠扶养协议相并列。

4. 除上述三点外，认定继承扶养协议无效还会产生一个理论上的矛盾之处，即《继承法》中法定继承人的范围与"具有法定扶养义务的人"的范围并不相同。例如，第二顺序的法定继承人（如兄弟姐妹之间、祖孙之间）并不具有直接的法定扶养义务，但是按照司法实践中的惯常做法，第二顺序继承人作为扶养人的继承扶养协议通常也被认定为无效。关于此点，可以结合下文的拓展案例进行分析思考。

➡ **拓展案例**

杨某某与刘某某遗赠扶养协议纠纷案

［基本案情］

被告刘某某（女）与杨某乙（男）系夫妻，二人长子杨某丙、三子杨某丁、四子杨某戊，原告杨某某系杨某丙之子。涉诉房产为刘某某、杨某乙夫妻共同财产。2007 年 7 月 16 日，杨某乙、刘某某、杨某某、杨某丙先后签订《赠与协议书》（载明"杨某乙、刘某某夫妻一致同意自本协议生效之日起，将涉诉住房全部赠与给杨某某所有"，其中"自本协议生效之日起"字句系整句书写后添加并加盖该法律服务所公章确认修改）、《协议书》（约定"自本协议生效之日起，杨某丙、杨某某父子应全部履行赡养杨某乙夫妻的义务""如不能履行上述全部义务，杨某乙夫妻有权撤销对杨某某的赠与协议"）协议签订后未办理房屋产权变更手续。2008 年 7 月 25 日、11 月 27 日杨某乙夫妇分别与杨某丁、杨某戊签订《赠与协议》，约定将涉诉房屋（面积 117.1 ㎡）自愿赠给杨某丁 40.4 ㎡、杨某戊 20 ㎡，剩余 56.7 ㎡仍为杨某乙夫妇所有。2010 年 1 月，杨某乙病逝。2012 年 6 月 1 日，刘某某出具书面声明一份，撤销与杨某丁、杨某戊所签赠与协议中刘某某份额的赠与，并将该份额赠与杨某某。2013 年 1 月 23 日，刘某某出具书面声明一份，声明 2012 年 6 月 1 日的书面声明并非其本人的真实意思，该声明无效，而与杨某丁、杨某戊所签订的赠与协议有效。

原告诉至北辰区人民法院请求确认《赠与协议书》《协议书》合法有效。被告刘某某辩称，2 份协议在主体、内容上均不符合遗赠扶养协议的要求，应为赠与协议，而刘某某、杨某乙均已对该 2 份协议作出了变更，因此不同意原告的诉请。

一审天津市北辰区人民法院认为，在遗赠扶养协议关系中，扶养人应系法定继承人范围以外的人，遗赠财产的时间应当在被扶养人去世后。本案中，杨某丙、杨某某均属于法定继承人范围之列，且《赠与协议书》约定"自本协议生效之日起，将涉诉住房全部赠与给杨某某所有"，与遗赠扶养协议要求不符，因此，《赠与协议书》属于普通的赠与合同，而非遗赠扶养协议。此外，在遗赠扶养协议中，若扶养人不履行扶养义务，则丧失获遗赠的权利。而本案中，《协议书》约定不履行抚养义务，"杨某乙夫妻有权撤销对杨某某的赠与协议"，仅为杨某乙夫妇拥有附条件的撤销权，与遗赠扶养协议中的权利形式不符。因此《赠与协议书》《协议书》一起也只是构成附义务及解除要件的赠与合同，而非遗赠扶养协议。赠与人在赠与财产的权利转移之前可以撤销赠与。本案中，房屋尚未进行变更登记，赠与人杨某乙、刘某某后来对涉诉房屋的重新分配，表明了撤销意思。赠与人刘某某又于 2013 年 1 月 23 日出具书面声明以及在一审庭审中的意思表示，明确表示撤销对杨某某的赠与。因此，该赠与已被撤销。综上，判决驳回原告杨某某的诉讼请求。

杨某某不服，向天津市第一中级人民法院提起上诉。天津市第一中级人民法院认为：本案争议焦点为 2007 年 7 月 16 日签订的《赠与协议书》及同日签订的《协议书》的性质和效力。《赠与协议书》《协议书》两者构成了一个完整的意思表示，即杨某丙、杨某某父子履行对杨某乙、刘某某的赡养义务，杨某乙、刘某某将房产赠与杨某某，并约定了赠与的房产在不同情况下（拆改、百年后）的处分方式，该意思表示真实，并经相关当事人签字确认，合法有效。杨某某主张上述协议是遗赠扶养协议，刘某某主张是赠与合同。杨某丙是杨某乙、刘某某法定继承人，其有法定赡养义务，因此上述协议不符合遗赠扶养协议的构成要件。在遗赠扶养协议中，遗赠财产的时间应当在被扶养人去世后，但在《赠与协议书》中对房产赠与的时间在遇拆改时和杨某乙夫妻百年后的情况下适用不同的约定，与遗赠扶养协议的规定不符。一审法院认定上述协议为附条件和解除要件的赠与合同并无不当，本院予以维持。综上，判决驳回上诉，维持原判。

[法律问题]

1. 杨某丙作为杨某乙夫妻之子，对其具有法定赡养义务，但是杨某某在其父、叔具有扶养能力的情况下，对于杨某乙夫妻并无扶养义务，此时认定该协议全部无效是否合理？

2. 若此案中，杨某某已经实际履行了其扶养义务，其权益应如何保障？

[**重点提示**]

本案中的杨某某与其他法定继承人之外的自然人一样，对于杨某乙夫妻并无法定的赡养义务。设若杨某乙夫妻是与其他法定继承人之外的自然人签订了上述两个协议，则此两协议自然为遗赠扶养协议，在被扶养人违约时，扶养人尚可根据最高人民法院《关于贯彻执行〈中华人民共和国继承法〉若干问题的意见》第 56 条的规定取回其扶养费用，但是在现行法律制度下，若本案中杨某某已经实际履行了扶养义务而被扶养人违约，其权益很难得到救济。

三、继承人之间遗产分割协议

➡ 经典案例

张某甲与张某乙、张某丙继承纠纷案

[**基本案情**]

被继承人张某丁于 2015 年 10 月 6 日因病去世，原告张某甲系张某丁之妻，被告张某乙系张某丁之子，被告张某丙系原告之女、张某丁之继女，张某丁无其他法定继承人。张某丁死亡时遗留有坐落于天津市××新区塘沽崇安里 5 - 1 - 101 号房屋一套，系张某丁与原告结婚前的个人财产，无其他遗产。2014 年 6 月份张某丁因突发脑溢血住院治疗，后原告张某甲与被告张某乙分别于 2014 年 6 月 12 日、2014 年 6 月 15 日签署"家庭协议书"和"附条件放弃继承权协议"各 1 份，约定被告张某乙放弃对张某丁名下所有财产继承的权利（包括塘沽崇安里 5 - 1 - 101 号房屋），由原告承担张某丁住院和后期治疗的费用以及之后所有赡养和生活费用，并保证不向张某乙追索治疗、赡养和生活的各项费用。被继承人病故后原告联系被告张某乙办理遗产过户继承程序，被告张某乙不予协助。故原告向天津市滨海新区人民法院提起诉讼，诉请继承被继承人张某丁名下的涉诉房屋。

经典案例
判决书原文

[法律问题]

1. 张某乙放弃继承权的意思表示是否具有法律效力？

2. 继承人之间在被继承人生前签订的有关遗产继承的协议效力如何？

[参考结论与法理精析]

（一）法院意见

天津市滨海新区人民法院认为：本案双方争议的焦点是被告张某乙是否已经放弃对涉诉房屋的继承权。

继承系从被继承人死亡时开始，继承开始后，继承人放弃继承的，应当在遗产处理前，作出放弃继承的表示。原告与被告张某乙系于被继承人生前签订的"家庭协议书"及"附条件放弃继承权协议"，签订协议时被继承人并未死亡，继承尚未开始，此时各继承人所享有的继承权利并没有确定，原、被告均尚未取得任何有关被继承人财产的继承权，自不存在是否放弃继承权的问题。原告与被告张某乙所签订的相关协议并不当然发生被告张某乙放弃继承的法律效果，继承开始后，被告张某乙并未作出过任何放弃继承的意思表示，也并未对上述协议中所表达的放弃意思进一步确认，故基于该两份协议无法认定被告张某乙已经放弃继承的事实。

另外，赡养人也不得以放弃继承权或者其他理由，拒绝履行赡养义务，该协议约定被告张某乙不承担被继承人的一切治疗、赡养和生活费用，子女对年老父母的赡养义务属于法定义务，子女不得以任何理由予以放弃，该约定内容显然违反法律的强制性规定，并不发生法律效力。因此原告所提交的证据无法证实被告张某乙已经放弃对涉诉房屋继承权的事实。

本案原、被告双方对于原告对被继承人履行了主要扶养照顾义务的事实不持异议，被告张某乙亦认可原告可按法定继承的方式适当多分。但原告坚持要求该房屋由其一人继承，结合原告所提交的证据和本案实际情况，原告的诉讼请求缺乏事实和法律依据。综上所述，判决驳回原告张某甲的全部诉讼请求。

（二）被继承人生前继承人之间签订的遗产继承契约效力

关于在被继承人生前继承人之间签订的遗产分割协议的效力的讨论，不仅涉及被继承人对其财产的处分自由权利、继承人之间意思自治的自由等方面的问题，关键还涉及继承人继承权的放弃问题。

继承人之间签订的有关遗产分割的协议一般必然会涉及部分继承人对全部或部分遗产放弃继承。由于我国《最高人民法院关于贯彻执行〈中华人民共和国继承法〉若干问题的意见》第49条规定，继承人放弃继承的意思表示，应当在继承开始后、遗产分割前作出。因此，在目前的司法实践中，大多数法院认为在被继承人生前表示放弃遗产的，该意思表示不具有法律效力，在被继承人死后其仍有获得遗产的权利。也正是由于此原因，大多数法院如本案中的天津市滨海新区人民法院一般，认定被继承人死亡之前，继承人之间签订的遗产分割协议无效。

持上述观点者提出诸多理论对此进行论证，如有法官认为"遗产的继承从被继承人死亡时开始，继承人在被继承人死亡前所订遗产分割协议因缺乏法律上继承的要件而归于无效，被继承人的遗产应当按照法定继承处理"，既然继承从被继承人死亡时开始，那么"无论是遗嘱继承还是法定继承都只能发生在继承开始后，也即被继承人死亡后。因为在被继承人死亡前，遗产尚处于一种不确定的状态，继承人也未实际享有继承权，因而无权协议处分不属于自己的财产"。

但是，另有一些观点认为，从契约意思自治的角度来看，此类协议"是继承人之间对遗产进行处分的真实意思表

拓展阅读

示，符合民事法律意思自治原则，也不违反法律的强制性规定，应为有效法律行为，继承人之间应予以遵守"。2015年，上海高院民一庭在其《关于若干民事疑难问题研讨纪要》中就此问题也发表了倾向性意见，认为"此类协议是法定继承人对个人期待利益的合法处分，虽然签订协议时遗产继承尚未发生，但法定继承人对遗产继承存在期待利益，该种期待利益也属于财产性权利，可以通过协议的方式自主处分。且上述协议约定遗产继承与赡养义务相关联，也符合法律规定和公序良俗。若被继承人死亡时，其遗产范围无变化，且其生前亦未对遗产作出处分，承担赡养义务人也按照协议约定履行义务的，则其要求按照协议分割遗产的主张可以予以支持"。

笔者认为，后一种观点更具有合理性。继承人之间就遗产做出的分割系其真实的意思表示，应尊重继承人之间的意思自治，保护当事人的合理信赖，不应仅因为放弃继承时间的限制而否定该协议效力。但是，应当注意的是，该协议不应当违反公序良俗，更不应违反法律的强制性规定，例如，本案中约定被继承人的儿子不再对其父亲承担赡养义务，违反法律的强制性规定，且不符合公序良俗，认定为无效可能更为合理合法。

➡ 拓展案例

华枝熙等与华宁熙等遗产继承案

[基本案情]

被继承人华栋臣于新中国成立前先后与李仔容、徐苹倩结婚。李仔容生三个子女：女儿华婉珍、儿子华宁熙、华纯熙（华纯熙早年去美国，1969年病故，遗下妻子李介寿、女儿华克增、华安增、华德增）。徐苹倩生三个子女：女儿华蔷珍、儿子华椿熙、华枝熙。1959年华栋臣与徐苹倩协议

拓展案例
判决书原文

离婚，徐苹倩所生三个子女归华栋臣抚养。从此，华蕾珍、华椿熙、华枝熙即由华栋臣、李仔容抚养，在上海共同生活。1962年华栋臣患病，徐苹倩又回来服侍照料。1963年华栋臣病故。1964年10月18日，在李仔容主持下，同华婉珍、华宁熙、华蕾珍、华椿熙、华枝熙成立了家庭协议：华栋臣的全部财产由李仔容继承，李仔容给付华蕾珍补贴费5000元，给付华椿熙、华枝熙每人抚养费11 400元，李仔容对他们的抚养责任到此为止，今后不再有经济上的关系。1969年，李仔容到北京落户与儿子华宁熙共同生活，于1971年病故。之后，华枝熙、华椿熙、华蕾珍向北京市中级人民法院起诉，请求合理分割父亲华栋臣和母亲李仔容的遗产。被告华宁熙、华婉珍辩称：华栋臣的遗产已于1964年经家庭协议分割，不同意重新分割；并主张原告华枝熙、华椿熙、华蕾珍对李仔容的遗产无继承权。被告李介寿和华克增、华安增、华德增分别委托华婉珍、华宁熙为代理人参加诉讼，要求人民法院依法保护他们的权益。

北京市中级人民法院经审理查明：华栋臣和李仔容名下遗产，有多笔股息和存款，共计25万余元；有上海楼房一幢，估价3.7万余元；1979年华枝熙、华椿熙领走华栋臣名下存款及利息2万余元，华婉珍、华宁熙领走李仔容名下存款及利息1.5万余元，以上查实属华栋臣和李仔容的遗产共计33万余元。此外，徐苹倩于1979年以华栋臣二妻名义领走的"文革"中被抄家物资折价款7.4万余元，以及华宁熙名下的北京房屋一幢，是否应列入华栋臣、李仔容遗产之内，当事人之间尚有争议。由于该案处理结果同徐苹倩在法律上有利害关系，依法追加徐苹倩为第三人。

北京市中级人民法院审理认为：华栋臣与徐苹倩离婚时，原告华枝熙、华椿熙、华蕾珍均尚未成年，由华栋臣、李仔容共同抚养，李仔容与他们已形成抚养关系。因此，李仔容所生的三个子女和徐苹倩所生的三个子女，对华栋臣和李仔容的遗产，均有继承权。

1964年成立的家庭协议，由于当时华枝熙尚未成年，不具有完全行为能力，应由他的法定代理人李仔容代为行使继承权。李仔容作为华枝熙的法定代理人，本应保护他的合法权益，但在她主持协商的该协议中，却明显地侵害了被代理人的合法继承权；同时华纯熙未参加协议的协商，故该协议应视为无效。

华栋臣和李仔容各自的遗产，应依法由6名子女合理分割。由于华纯熙于1969年死亡，其份额，应移转给其妻李介寿及女华克增、华安增、华德增共同继承；又由于华纯熙先于李仔容死亡，他继承李仔容遗产的份额，应由其女华克增、华安增、华德增共同代位继承。徐苹倩在1979年以华栋臣二妻名义领走的查抄物资折价款7.4万余元，经查证有关单位档案材料，此款是以华栋臣名义被查抄的在上海楼房内和银行保险箱内财物的折价款。在查抄时，徐苹倩在该楼房内居住，被抄财物中也有她个人的部分财物。但由于李仔容已去世，被抄财物已难以查证分清。此外，考虑到华栋臣因病卧床时，徐苹倩曾服侍照料，故可以从华栋臣的遗产中适当分给她一些。根据上述情况，从此笔款中提取4万元为徐所有，剩余的3.4万余元，列入华栋臣和李仔容的遗产，由6个子女共同继承。北京房产，产权人为华宁熙。华枝熙等提出该房是父母遗产，证据不足，不予认定。上海楼房是华栋臣、李仔容的遗产，华枝熙、华椿熙等一直在该房居住，从有利于生活使用考虑，应将该房折价分配。

据此，北京市中级人民法院判决：华婉珍、华宁熙各分得6万余元，华蔷珍、华椿熙、华枝熙各分得5万元，李介寿、华克增、华安增、华德增共分得6万余元；上海市楼房产权归华蔷珍、华椿熙、华枝熙共同所有，由华蔷珍、华椿熙、华枝熙分别付给华婉珍、华宁熙房屋折价款6000余元，付给李介寿、华克增、华安增、华德增房屋折价款共计600

余元。确认北京房屋为华宁熙所有；徐苹倩应得4万元。

[法律问题]

1. 你认为本案中的继承人之间签订的所谓的"家庭协议"效力如何？

2. 在被继承人死后，继承人之间签订的遗产分割协议的公平与否是否影响该协议的效力？

[重点提示]

本案中的"家庭协议"并非由全部法定继承人签署，并且侵害了未成年继承人的合法权益，法院认定其属无效协议合理合法。在被继承人死亡之后，继承人之间对遗产分割进行协议是意思自治原则在继承中的体现，应尊重继承人对遗产作出的合理分配的自由以及部分继承人放弃继承权的自由，但是该协议如果损害他人合法利益或违反法律强制性规定的，应为无效。

第十六章　收养的效力

知识概要

收养制度意在通过法律拟制，在收养人与被收养人之间建立法律拟制的父母子女关系。收养是形成父母子女关系的方式之一。我国收养制度历史悠久，在我国古代也早有"立嗣"等制度，其主要的功能在于使得无生育能力者获得"子嗣"而老有所依。在现代法上，收养制度被赋予了儿童保护与社会福利之意，突破了传统的传宗接代的功能。针对收养效力之问题，本章将主要讨论两个问题：①程序瑕疵是否影响收养之效力，即事实收养之认定；②前述问题对当事人权利义务关系之影响。

一、事实收养

经典案例

丁某甲诉丁某乙继承纠纷案

[基本案情]

经典案例
判决书原文

原告与被告均是丁某某的子女，除原、被告外，丁某某无其他子女。新中国成立前，原告丧母，其生父丁某某在外当兵后去台湾，因家庭生活困难，1942年原告5岁时，被送至本地陈铺头村段某甲家生活至原告结婚，现仍有亲戚往来。原告分别称段某甲、段某乙（段某甲之子）、王氏（段某乙之妻）为爷、父、母，段某甲、段某乙现均已去世数十年，王氏现年80多岁。对于原告当时去段家生活的性质，是被送养或是寄养，原告与被告目前均未发现有相关书面字据。20世纪80年代前后，在台湾地区的丁某某与原告和被告建立联系，后素有往来。原告曾到台湾地区探视其生父。2002年3月21日，以原告为申请人，荥阳市公证处制作了〔2002〕荥证民字第13号《亲属关系公证书》一份，证明申请人丁某甲是关系人丁某某的女儿。2002年4月，丁某某被原告接回大陆后到被告处居住，随被告及被告的子女生活，同原告亦有交往。丁某某带回其个人财产，曾经将其所有的20 190.32美元存入中国银行荥阳市支行索河路分理处。丁某某因病住院期间，由原、被告共同照料。2004年2月，丁某某因病死亡，由原、被告共同安葬。由于丁某某生前对其财产未留下遗嘱，银行存款的存单现由被告持有。2004年12月24日，原告向本院提起诉讼，要求继承遗产。

原告诉称：原告与被告为亲兄妹。1939年，原告2岁时，其母病故，其父丁某某在外当兵，因家庭生活困难，原告被接到其外祖父家生活。原告5岁时，由于生活困难，其外祖父将原告送到本地陈铺头村段某甲家寄养，段某甲是原告外祖父的好友，双方约定待丁某某回家后就将原告送回。丁某某于新中国成立前去了台湾，多年无音讯，1960年，原告结婚后到现住所定居。20世纪80年代前后，丁某某与原告开始书信联系，之后双方有多次往来，原告曾到台湾探望其父。2002年4月，丁某某从台湾回到韩常村定居，父女关系非常好，丁某某曾经多次给付原告财物。2004年2月丁某某去世，原告与被告分担了丧葬费用。丁某某生前在韩常村建造了住宅一处，在银行有2万余美元存款，该遗产现均由被告霸占。原告认为：原告虽曾被寄养，但仍是丁某某的女儿，没有与他人形成收养法律关系。丁某某生前给付原告的财物，是已经由其处分过的财产，不是其遗产。原告要求作为法定继承人与被告共同继承上述房产和银行存款。

原告提交的证据有：①《亲属关系公证书》一份，用以证明丁某某与原告的父女关系；②原告保存的其父在台湾时先后寄给原告的信件8封，用以证明父女关系非常好；③相关人员出具的书面证明材料2份，用以证明原告幼时是被人抚养，不是被收养。

被告辩称：原告幼时被生父托人送与他人收养，原告改丁姓为段，与其养父、养母共同生活了16年，对他们以父母相称，其养父、母又为其操办了婚姻大事，原告出嫁后仍与他们保持亲戚来往至今，因此，原告已经与段家形成了事实收养关系。原告被段家收养后到本地解放的时间内，生父有5年时间都在大陆，按民间习俗，原告没有生父信息正是将原告送养他人的典型表现。原告与段姓夫妇之间不是寄养关系。公证书是为了赴台需要而办，只能说明原告与生父是血缘上的父女关系，不能证明是法律上的权利义务关系。原告的养父早已去世，原告与其养母的关系并未恶化，因此，原告与其养父母的收养关系没有且已无法解除，其与生父的权利义务关系自然不可恢复。原告本名姓段，为赴台需要而改姓丁，原告的生父在台湾时的书信往来中对原告以女儿相称，只是表明其对原告自幼被送养的愧疚，不能证明权利义务的恢复。原告所诉房产是被告自己建造，与被告的父亲无关。被告的父亲回来定居时，原告将其生父托原告携带的10 040美元私自占为己有，父女关系恶化，此款是被告父亲的债权，现应是其遗产。被告父亲的生活及去世后的安葬费用均是被告承担，原告没有对其进行较多赡养。因此，原告无权继承其生父的遗产，被告要求驳回原告的诉讼请求。

被告提供的证据有：①被告之子丁某丙、丁某丁的证人证言，用以证明原告未赡养其生父，且因财物问题而关系恶化；②相关人员出具的书面证明材料6份，用以证明原告幼时被送养、后与其父关系恶化；③相关人员自台湾邮寄给被告的信件 1 封，说明丁某某生前的有关情况。

[法律问题]

1. 本案事实收养关系是否成立？

2. 事实收养的情况下，被收养人与生父母、养父母的权利义务关系如何？

[参考结论与法理精析]

（一）法院意见

一审中河南省荥阳市人民法院经审理认为：本案是因继承遗产纠纷提起的诉讼，丁某某生前无遗嘱，其遗产应以法定继承处分。被告是丁某某的儿子，是第一顺序法定继承人。

原告自幼被送到段家生活，该行为发生在我国《收养法》实施前，是否属于被送养，应当依据我国《收养法》实施前的有关法律规定。1984 年《最高人民法院关于贯彻执行民事政策法律若干问题的意见》第 28 条规定，亲友、群众公认，或有关组织证明确以养父母与养子女关系长期共同生活的，虽未办理合法手续，也应按收养关系对待。可见，我国对《收养法》实施前的事实收养关系予以承认。原告与段家相互使用父母子女称谓，履行了父母子女的权利义务，以父母子女关系相待共同生活多年，已经形成事实收养关系。寄养目的是委托他人代为抚养照料子女，不涉及变更称谓，不产生父母子女的权利义务，因此，原告主张的寄养关系不能成立。原告提交的公证书关于原告与丁某某父女关系的证明，有可能产生与事实不完全相符的误解，对其包括的关于权利义务关系的内容，本院不予采信。收养关系形成后，原告与其生父及其他近亲属间的权利义务关系消除。原告的收养关系始终存在，原告与其生父法律上的权利义务关系无法恢复。因此，原告不是丁某某的法定继承人。

原告虽然对其生父的遗产不享有法定继承权，但是，原告给其生父生活上照料和精神上慰藉也是不能忽视的事实。原告的收养关系是在特殊的历史条件下形成的，原、被告均在与其父建立联系后，始能从生活和精神等方面照顾其父。原告以父女关系相待，曾赴台探视生父，又主动接其回大陆生活，照料其病情，与被告一同将其安葬，原、被告对其父进行照顾，尽管各自法律身份不同，在数量方面也可能不平衡，但并无明显实质差别，均产生赡养的效果。原告对其生父已进行了较多的赡养。因此，原告应当适当分得部分遗产，具体金额由本院酌定。

总结而言，一审法院确认了事实收养关系之成立，故而切断了其与生父母之间的父母子女关系；另一方面则确认了其酌情获得遗产的权利。

宣判后，丁某甲向郑州市中级人民法院上诉称：①原审法院对上诉人提交的证据认定有失公正。一审法院对于上诉人提交的证明上诉人与丁某某为父女关系的公证书用不肯定的语句就否定了公证书的证明效力，是错误的，即使公证书有错也应当由公证机关自行撤销；②原审法院适用的法律有误。一审法院认定事实收养关系时适用的是1984年《最高人民法院关于贯彻执行民事政策若干问题的意见》第28条，但这个解释在我国《收养法》施行后即已废止，不再适用。况且，该案事实发生时新中国还没建立，更无法律规定，所以本案应当适用《收养法》。综上，原审法院认定事实不清，适用法律错误，请求二审法院依法发回重审或予以改判。

丁某乙辩称：①一审判决后，被上诉人同样不服，但考虑到亲情关系而放弃了上诉；②一审中上诉人的自认和被上诉人的证据表明，足以推翻公证书的效力；③收养事实虽然发生在新中国成立前，但新中国成立后该事实还在继续，本案与被上诉人在一审中提交的最高人民法院1990年关于许秀英夫妇与王青芸之间是否已事实解除收养关系的复函情形类似，适用法律正确；④上诉人的两个证人知识水平有限，不能正确区分寄养与抚养的差别，其证明的内容也相互矛盾，并且两人一个为上诉人的亲属，一个无法定事由不出庭质证，其证言均不应被采信。综上，原审法院认定事实清楚，适用法律正确，请求二审法院予以维持。

河南省郑州市中级人民法院在二审中根据上诉人丁某甲和被上诉人丁某乙的诉辩意见，确定案件的争议焦点是：上诉人的事实收养关系是否成立。经审理认为：依照《最高人民法院关于学习、宣传、贯彻执行〈中华人民共和国收养法〉的通知》的有关精神，确认当事人之间的收养关系，审理时应适用当时的有关规定，当时没有规定的，可比照《收养法》处理。二审期间，上诉人与被上诉人双方都无新证据提交。上诉人在原审提供了证人段景勋、张励城的证人证言证明上诉人自小被送至段家不是被收养。被上诉人在原审提交的证人段某丁、段某戊、丁某戊的证言证明了上诉人自小被送至段家，但无法证明上诉人是被段家收养。证人丁某己并不在陈铺头村居住，1942 年丁某己年仅 5 岁，其证言也无法证明上诉人是被段家收养。证人韩某某的证言仅证明上诉人自小被送至段家，但是否被段家收养亦无法证明。被上诉人 2 个儿子的证言，由于证人与被上诉人之间有利害关系，其证明力显著减弱，故对其二人的证言本院不予认定。根据《最高人民法院关于民事诉讼证据的若干规定》第 11 条第 2 款之规定，上诉人和被上诉人各自提交的从台湾寄来的书信未履行相关的证明手续，故本院均不予认定。上诉人于 1942 年被送至段家，当时并无相关法律可以适用，比照《收养法》有关规定，上诉人被送至段家时并没有明确是否是被收养，也未履行相关程序，上诉人在段家生活期间改姓及称段某甲、段某乙（段某甲之子）、王氏（段某乙之妻）为爷、父、母，并不能据此认定上诉人是被段家收养。[2002]荥证民字第 13 号《亲属关系公证书》是河南省荥阳市公证处作出的法律文书，此公证书并未被荥阳市公证处或者其他有权机关依法撤销，因此该公证书的法律效力应被承认。该司法文书已经确认上诉人与其生父丁某某之间的父女关系，故本院对此应予确认。上诉人作为丁某某的女儿，是第一顺序法定继承人，应当参与继承。由于丁某某生前在被上诉人处居住，被上诉人对丁某某尽了主要赡养义务，故被上诉人应分得遗产的较多部分。

（二）收养与寄养

本案的核心问题是确认究竟是收养还是寄养行为？由于本案发生在《收养法》实施之前，时间间隔较长，因此尤为复杂。

根据收养事实形成的时间的不同，我们划分为三个不同阶段来讨论。

1. 在1999年我国现行《收养法》实施后，由于其明确规定了收养的程序要件，则收养关系的成立必须以登记为要件。

2. 对于1992年《收养法》施行后、1999年《收养法》施行前发生的收养行为效力之认定应当依据1992年《收养法》之规定，但需要注意的是，虽然其在第15条规定了"应当向民政部门登记""订立书面协议，并可以办理收养公证"及"应当办理收养公证"之表述，但并未言明该程序性行为对收养行为效力之影响，且纵观全文，其也未对收养行为生效之时间进行规定。据此，一般认为未登记并不影响收养关系之成立，实践中也鲜有因程序性瑕疵而否认收养效力的案例。

3. 在1992年前发生的收养行为，依据《最高人民法院关于学习、宣传、贯彻执行〈中华人民共和国收养法〉的通知》第2条的规定，"收养法施行后发生的收养关系，审理时适用收养法。收养法施行前受理，施行时尚未审结的收养案件，或者收养法施行前发生的收养关系，收养法施行后当事人诉请确认收养关系的，审理时应适用当时的有关规定；当时没有规定的，可比照收养法处理"。1984年8月30日施行的最高人民法院《关于贯彻执行民事政策法律若干问题的意见》第28条规定："亲友、群众公认，或有关组织证明确以养父母与养子女关系长期共同生活的，虽未办理合法手续，也应按收养关系对待。"

在此案中，基于同一案情，一审法院认定为收养，二审法院否认了收养，认定为寄养。我国现行《收养法》第17条了规定了寄养行为，"孤儿或者生父母无力抚养的子女，可以由生父母的亲属、朋友抚养"，但同时明确将其与收养行为进行了区分，规定"抚养人与被抚养人的关系不适用收养关系"。寄养只是监护权的代为行使，并不导致父母子女关系的变更。[1]

相对于具有稳定性的收养关系，寄养往往具有临时性。结合本案，支持收养的主要事实依据是本案原告变更了姓氏。姓氏在中国文化中具有特殊意义，特别是在1949年之前的旧文化中，变更姓氏意味着脱离了原来的家庭，成为新的家庭的成员之一。在寄养关系中，断无理由来变更被寄养的未成年孩子的姓氏的，因为寄养是临时性的，回归原生家庭是必然的。因此，一审的认定更为合理。

二审的主要事实证据是一份关于身份关系的公证文书，且该公证文书并未被撤销。从这个角度看，二审从法律上看也并无瑕疵。只是二审无法解释一审中提到"寄养但改姓"这一疑问。

---

〔1〕　许莉主编：《婚姻法家庭法学》，北京大学出版社2006年版，第159页。

二、收养关系的解除

▶ 经典案例

冯某诉蔡某解除收养关系纠纷案

［基本案情］

2001 年 12 月 21 日，云南省师宗县的冯某夫妻生育女儿蔡乙。2002 年开始，冯某同意蔡乙由被告蔡某抚养，并将蔡乙的户口落在蔡某的户口本上，但蔡某未到相关部门办理收养手续。后蔡乙与蔡某关系恶化，蔡某打骂蔡乙，蔡乙与蔡某的矛盾日愈加深。现冯某因蔡乙的抚养问题诉至法院，请求判决解除蔡某与蔡乙的收养关系。

［法律问题］

1. 事实收养的效力如何？

2.《收养法》颁布前后的事实收养效力有何区别？

［参考结论与法理精析］

（一）法院意见

云南省师宗县法院审理认为：1998 年 11 月 4 日修订的《中华人民共和国收养法》第 15 条第 1 款规定：收养应当向县级以上人民政府民政部门登记。收养关系自登记之日起成立。本案中，蔡某对蔡乙的抚养从 2002 年开始，且未到民政部门办理过收养登记手续，故蔡某与蔡乙之间并未形成收养关系，原告冯某对蔡乙的抚养权依然存在，故原告提出解除蔡某与蔡乙的收养关系的诉讼请求，法院依法不予以支持。遂判决驳回冯某诉讼请求。

最高人民法院评述其典型意义称：我国有不少收养关系并非签订书面收养协议，也不办理收养登记手续，而是事实收养关系，如果收养事实发生在《收养法》颁布之后，这样的收养关系是否有效？

1999 年实行的新修改《收养法》已经将收养关系的成立限定在"收养应当向县级以上人民政府民政部门登记"。合法有效的收养关系应当经过民政部门的登记。同样，对于《收养法》施行前成立的收养关系也予以默认，《收养法》颁布后没有经过登记的收养是不受到法律保护的。

（二）事实收养的效力如何？

上述案例明示了，虽然同为事实收养，但收养事实发生之时间决定了其效力之差异——在 1999 年《收养法》实施后，由于法律之明确规定，收养关系的成立必须具备法定的程序要件，即经过民政部门的登记。对于现行《收养法》实施之前形成的事实收养关系，则不因其未办理民政登记手续而确认其无效。实践中对事实收养之效力进行认定的意义，并不仅在于确认当事人之间的身份关系，还对其他法律关系，例如继承纠纷中继承人身份的确认，也有意义。

➡️ 拓展案例

朱某甲诉朱某乙解除收养关系纠纷案

原告朱某甲诉称，原告与姜某某系夫妻关系（姜某某于 2003 年 2 月 10 日去世）。×年×月×日，原告夫妻共同收养了被告。后原告夫妻双方含辛茹苦把被告抚养成人，2004 年被告结婚，婚后至 2010 年期间还经常回家看望原告，但是自 2010 年下半年，被告不再回家看望原告，并且对原告的生活不闻不问。原告多次打电话让被告回家看望他，但是被告拒不回家。后来被告直接更改电话号码，导致原告无法联系被告。现原告年迈、体弱多病并且缺乏生活来源，被告理应照顾原告的生活。但是被告拒不照顾原告也不支付生活费，导致原、被告双方关系恶化，无法共同生活。为此原告请求：①依法判决原、被告双方解除收养；②依法判令被告每月给付生活费 600 元及补偿收养期间支出的生活费和教育费 54 000 元（3000×18 年）。被告朱某乙辩称，被告一直要求尽赡养义务，原告再婚前，被告经常回家看望原告，只是被告朱某乙与原告朱某甲后来找的老伴关系紧张，致使原、被告之间关系恶化。被告不同意解除收养关系，要求尽赡养义务。

法院查明，民政部门已给原告朱某甲办理了低保，每月有 200 元的低保收入。

［法律问题］

1. 一方坚决要求解除，另一方要求不解除且愿意尽赡养义务的，法院是否应该解除？

2. 如果解除收养，补偿收养期间支出的生活费和教育费的请求是否应当支持？

［重点提示］

成年人养父母子女关系，缺乏亲血缘的联系，因此维系此类关系需要相当的信任。因此，当养父母坚决要求解除之时，应当考虑彼此之间的信任关系消耗殆尽之后维系养父母子女关系并无意义。如果是成年子女方提出，则需要考虑此时养父母的独立生活能力。

另，如果解除收养，补偿收养期间支出的生活费和教育费的请求只有在法定情形下才应予以支持。